広島経済大学研究双書 第31冊

日英関係経営史
——英国企業の現地経営とネットワーク形成——

山内昌斗

溪水社

はしがき

　本書は、日英を巡る国際的な企業関係の歴史に、経営史の視点から迫ろうとするものである。第二次大戦前における英国企業の対日投資を、主たる研究対象とした。

　日本経済や日本企業の成長・発展の歴史を振り返るとき、忘れてはならないものが外資の存在である。幕末開国以降、貿易、金融、電機、化学、機械など、さまざまな産業分野で外資系企業の日本進出がみられた。これら企業は先端技術や経営システムといった経営資源を日本に持ち込み、後発国企業を大いに刺激した。今日、国際舞台で活躍する日本企業の多くは、ある日突然に国際競争力を持ちはじめたのではなく、それら企業との関わりのなかで力を蓄えてきたのである。

　特に、幕末開国後の日本に多大な影響を与えたものが、英国企業であった。世界に先駆けて産業革命を成し遂げた同国企業は、積極的に海外へ進出しており、グローバル・ビジネスをリードした。まさに、第二次大戦前の世界経済は、英国を中心に動いていた。日本にとって、英国は模倣の対象であり、理想の国であった。

　しかし、日本に進出してきた英国企業のすべてが、現地経営に成功したわけではなかった。今日に至るまで現地経営を継続するものもあれば、短期で撤退したものもあった。それぞれの企業の経営者が主体的にさまざまな意思決定を下し、歴史を築いたのである。

　そこで本研究では、英国企業は如何なる目的を持って日本に進出してきたのか。どのように現地経営を展開したのか。現地経営のどのような点に、成功と失敗の分かれ目があったのか。このような疑問を、歴史的な視点から明らかにしていく。

　本書は、筆者が神戸商科大学（現在の兵庫県立大学）大学院経営学研究

科に提出した博士論文（課程博士）を下敷きにまとめたものである。博士論文を提出したことで、ようやく研究者としてのスタートラインに立つことができたと思うが、そのラインに立つまでに、多くの先生方よりご指導を賜った。

　上間隆則先生（琉球大学名誉教授）は、学部生時代からの恩師であり、私に大学院への進学をすすめて下さった。先生の講義「比較経営史」を受講し、歴史的アプローチに興味を持つとともに、研究職にあこがれるようになった。もし、先生との出会いがなければ、私は研究者としての道を歩むことはなかったであろう。

　井上忠勝先生（神戸大学名誉教授）は、私が愛知学院大学大学院修士課程に入学した時より、研究や教育において暖かく見守って下さった。私を経営史分野に導くとともに、常に学問の本質と人間性について指導して下さった。まだまだ私は先生の教えのすべてを消化できていないが、その教えの意味を考え続けることの大切さを学んだ。

　安室憲一先生（大阪商業大学教授）には、神戸商科大学大学院博士課程に進学した時より、暖かいご指導を賜っている。先生の高い人材育成能力のお陰で、非才な私も何とか研究者としての道を歩みはじめることができた。先生の優れた知性、研究・教育に取り組む姿勢は、研究者としても人としても、私の目標とするところである。

　梅野巨利先生（兵庫県立大学教授）には、大学院生時代から公私にわたりお世話になっている。筆者の兄弟子であり、経営史研究のポイントや苦労を一番理解されている。先生の研究スタンスや経験に基づく助言、鋭い指摘には気づかされること、学ぶべきものが多く、研究の大きな刺激となっている。

　山口隆英先生（兵庫県立大学教授）もまた筆者の兄弟子であり、院生時代から公私にわたってお世話になっている。今回の博士論文では、何度も筆者の原稿に目を通し、完成までに細かなご指導を賜った。もし、山口先生からの助言や励まし、指導がなければ、今回のこの書籍の上梓はなかったであろう。

はしがき

　この他にも、ここで一人ひとりお名前を挙げることができないが、筆者が所属する多国籍企業学会、国際ビジネス研究学会、経営史学会の多数の先生方、安室ゼミ出身の先生方からも、暖かなご指導、助言、励ましを賜った。また、研究過程で、多くの企業や公的機関の関係者にお世話になった。この場を借りて、心より感謝申し上げたい。

　なお、本書刊行にあたり、筆者の勤務先である広島経済大学地域経済研究所より、出版助成を頂いている。理事長・石田恒夫先生をはじめ、地域経済研究所課長・西川英治様、出版までにサポートをいただいた同課長補佐・飛弾恭子様には心より感謝申し上げたい。また、研究書物の出版事情が厳しいなか、本書の出版を快く引き受けて下さった溪水社社長・木村逸司様にお礼を申し上げたい。

　最後に、私事で恐縮だが、私を生み育て、大学院への進学を許してくれた両親と、研究に明け暮れ、悩み苦しむ私を献身的に支え続けてくれた妻に、深く感謝したい。

2010年2月

山 内 昌 斗

目　次

はしがき …………………………………………………………………… i

第1章　問題提起 …………………………………………………… 3
1．「日英関係経営史」に取り組む理由　3
2．研究の展開　5

第2章　第二次大戦前における英国企業の日本進出 ……… 19
1．居留地貿易体制下の英国企業　20
2．協調体制下の英国企業　30
3．対立関係下の英国企業　40
　要　約　46

第3章　サミュエル商会の対日投資と現地経営 …………… 55
1．英国サミュエル商会の成立および発展　55
2．新市場の出現と貿易活動の拡大　58
3．石油事業への進出　63
4．石油事業の拡大　67
5．外資への圧力の高まりとライジングサン石油　77
　要　約　81

第4章　英国Ｂ＆Ｗの対日投資と現地経営 ………………… 91
1．Ｂ＆Ｗの成立と発展　91
2．英国Ｂ＆Ｗの日本進出　98
3．国際情勢の変化と事業　105
　要　約　111

第5章　ダンロップの対日投資と現地経営 …………………… 117
　1．ダンロップの成立と発展　117
　2．ダンロップの対日戦略　122
　3．タイヤ市場の拡大と競争の激化　127
　4．現地経営の再開と競争力の低下　133
　要　約　135

第6章　リーバ・ブラザーズの対日投資と現地経営 ……… 141
　1．リーバ・ブラザーズの成立と発展　142
　2．リーバ・ブラザーズの初期の国際展開　146
　3．対日投資の決断　148
　4．日本における事業展開　151
　5．対日投資の失敗と撤退　157
　要　約　163

第7章　英国企業のネットワーク——比較分析—— ………… 171
　1．新興市場におけるネットワークの構築　171
　2．ネットワークの構築と企業の競争力　182
　3．グローバル経済の変化とネットワークの再構築　183
　要　約　186

第8章　研究の到達点と残された課題 ………………………… 189

参考資料 ……………………………………………………………… 193
参考文献 ……………………………………………………………… 196
索　引 ………………………………………………………………… 205

日英関係経営史
――英国企業の現地経営とネットワーク形成――

第1章　問題提起

1.「日英関係経営史」に取り組む理由

　日本における外国資本企業の活動に関する研究、特に国際関係を視野に入れた研究への関心が高まりつつある。工藤章著『日独企業関係史』[1]ならびに、塩見治人・堀一郎編著『日米関係経営史』[2]は、その代表的な研究である。このような国際関係経営史は、外国資本企業が日本の経済や企業に与えた影響や、企業の国際化に関わる歴史知識を提供する[3]。
　しかし、この分野の研究はまだ成立から日が浅く、その成果が十分に蓄積されているとは言い難い。特に、英国多国籍企業の対日投資に関する研究は、量、質ともに不十分である。
　第二次大戦前、グローバル・ビジネスをリードした国が英国であった。ダニング（Dunning, J. H.）によれば、1914年時点で、英国の海外直接投資累積額は推計で65億ドルに達しており、世界累計額の45.5％を占めていた（表1－1を参照されたい）。同2位の米国が26億5,200万ドルで全体の18.5％、同3位のフランスが17億5,000万ドルで全体の12.2％であったことを考えれば、英国がこの分野において、突出した存在であったことがわかる。
　英国多国籍企業による海外投資は、第二次大戦前に日本にも向けられており、鉱工業分野だけで少なくとも13社が、直接投資を行っていたことが確認されている[4]。
　しかし、このような歴史事実にも関わらず、わが国の歴史家は英国企業の対日投資について、それほど関心を示さなかった。英国企業による対日投資の歴史研究が重要視されなかった理由は、いくつか考えられる。
　ひとつは、国際経営研究ないし多国籍企業研究が、戦後の米国企業を主

表1-1. 1914年時点における投資国別海外直接投資の累計

投資国名	投資額（単位：100万ドル）	全体に占める割合（％）
アメリカ	2,652	18.3
カナダ	150	1.0
イギリス	6,500	44.9
ドイツ	1,500	10.4
フランス	1,750	12.1
イタリア オランダ スェーデン スイス	1,250	8.6
ロシア	300	2.1
日本	200	1.4
オーストラリア ニュージーランド 南アフリカ その他	180	1.2
計	14,482	100

出所）Dunning, J. H. (1988 *Explaining International Production,* Unwin Hyman, p.74. をもとに作成。

たる研究対象として展開されたことにある。バーノン（Vernon, R.）を中心とする「多国籍企業研究と国家」プロジェクトチーム（"The Multinational Enterprise and Nation State" Project）は、米国製造業を主たる研究対象とした。戦後のグローバル・ビジネスが米国製造業を中心に展開されたことを考えれば、当然のことであろう。しかし、そのために米国型多国籍企業の経営スタイルが、多国籍企業の標準モデルとして認識されるようになった[5]。わが国の歴史家にとって、ヨーロッパ型多国籍企業に関する研究が傍流となった。

そして、もうひとつの理由がチャンドラー（Chandler, A. D. Jr.）研究の影響である。チャンドラーは著書『スケールアンドスコープ』[6]において、米国企業を経営力発展の成功例として取り上げるとともに、その失敗例として、英国企業を取り上げた[7]。このような認識が、国際経営史研究における英国企業の重要性を低下させたと言える。

では、このような経緯のために、日本における英国企業の経営史を忘れ去ってもよいのだろうか。外国資本企業による多様な対日ビジネス活動の歴史を記述し、蓄積し、それを分析することを通じて、国際経営問題を解

第 1 章　問題提起

決するための歴史知識を提供する必要があるのではないだろうか。歴史家はその責任を負っているのではないだろうか。このような学術的背景を念頭に置き、本研究に取り組むことにした。

さて、本書では英国企業の対日投資の歴史を明らかにする上で、特に次のような点に注意を払いたい。

一つには、英国企業がどのような目的を持って日本に進出してきたのかという点である。国際経営論や多国籍企業論においては、所有優位[8]、製品ライフサイクル[9]、内部化[10]、折衷パラダイム[11]によって、企業による海外進出の動機が説明されてきた。果たして、日本に進出してきた英国企業においても、このような考えが合致するのか。あるいは、他にも理由が存在するのか、確認していく。

二つめには、現地市場において、英国企業の現地子会社がどのように経営活動を展開したのかという点である。企業のグローバル化においては、現地適応かグローバル統合かという問題が生じる[12]。一般的に、ヨーロッパ系多国籍企業は、海外子会社の自律性を重視した組織構造を持つと考えられている（マルチナショナル型）[13]。これが日本での現地経営にも当てはまるのかを確認していく。

三つめには、現地経営のどのような点に、成功と失敗のポイントがあったのかという点である。この問いは上記の２つの疑問点に関わるものである。この点については、若干、次節で詳しく触れておくことにする。

2．研究の展開

本書では、まず第２章において、日英を巡る国際的な企業関係の歴史を概観する。経営史、社会経済史分野における先行研究をもとに、時系列的に歴史を振り返ることにする。そして、ここで得られた歴史知識を踏まえ、第３章以下の４つの章で、英国企業による対日投資の事例を取り上げる。

その際に、本研究では、英国企業の現地子会社とそれを取り巻く諸組織との関係に注目していく。結論を先取れば、外部ネットワークの戦略的マ

ネジメントが、現地経営の成否の鍵を握ると考えている。

　英国企業は自国で培った先端技術、ノウハウ、ブランドなどの所有優位を持って日本市場への進出を果たした。だが、やがて現地企業からのキャッチアップという問題に直面した。後発国の日本企業は、先進国が長年にわたり開発してきた技術や、長期にわたり蓄積してきた資本を、海外から輸入することで、短期のうちに近代的工業生産を開始した。もちろん、熟練労働者や技術者、企業者の育成など、急速な工業化に向けて克服すべき課題も存在していたが、銀行や政府が企業者活動を補完することで、企業の発展・成長を支えた[14]。弱小企業であった現地企業は、やがてファースト・ムーバーであった英国企業と同等規模の生産能力を持ちはじめ、市場を脅かすことになった。

　このような現地企業からのキャッチアップという問題に、英国企業の現地子会社は、本国から移転される所有優位だけで対応することができなかった。中長期的にみれば、所有優位は外国企業であることの不利を克服するのに不十分であった。現地経営を継続するためには、現地企業が追求する生産性・効率性とは異なった、新たな競争条件を設定する必要があった。

　そのための方法のひとつが、現地市場での革新的な行動であった。新しい財貨の生産、新しい販路の開拓、新しい組織の実現といったものがそれらであった[15]。生産性・効率性とは異質な、創造性・革新性という新たな競争条件をつくり出すことで、現地企業の追随を振り切ったのである。その具体的な内容については、各章の事例に譲ることにする。

　さて、ここでもうひとつ重要なことは、革新的な適応に成功した現地子会社は、現地市場でのイノベーションを単独で成し遂げたのではなく、それを現地に存在する外部組織との相互関係のなかで実現したという点である。革新のための源泉は、本国本社が保有していた所有優位のなかにだけではなく、現地市場の諸プレイヤーが持つ資源のなかにも存在していた。むしろ、これらが保有する資源のほうが、現地市場の歴史、文化、伝統などを反映しており、特殊性を有していた。

　現地子会社の経営者は、これら本国本社の持つ資源とは異質な資源を、

第1章　問題提起

現地組織とのネットワークを構築することで獲得していた。その資源の異質性を認識し、自身が保有する資源と組み合わせることで、革新的な経営を実現していた。

したがって、革新的な適応を図るためには、他の組織との関係をコントロールする必要があった[16]。現地経営を成功に導くための重要なポイントのひとつが、ここにあった。

この議論の詳細は第7章に譲ることにし、ここでは、このような認識に立ちながら、事例を分析するためのフレームワークを提示しておきたい[17]。

まず、英国企業の現地子会社は、外部組織から完全に孤立した状態で経営活動を遂行するのではなく、諸組織との関わりのなかで、現地経営を展開することになる。その諸組織のなかで重要になるもののひとつが、地理的に離れた場所にある本国本社である[18]。図1－1「現地子会社のネットワーク」のなかの、①の流れである。このルートを通じて、現地子会社は本国本社から技術、生産に関わる知識やノウハウ、マーケティング・スキル、会計手法、人材、ファイナンスへのアクセスなどといった経営資源を

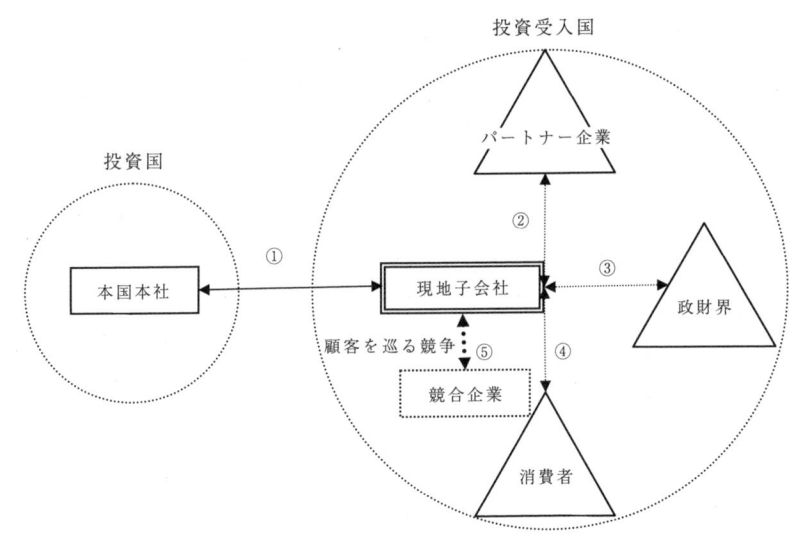

図1－1．現地子会社のネットワーク

得ることができる。これら所有優位の存在は、現地企業との競争のために必要である。

ただし、本国本社と現地子会社の関係は、完全子会社なのか、合弁会社なのか、ライセンス契約なのかといった、参入モードによって異なる。また、それぞれの所有政策のなかでも、本国本社の方針、現地経営者の個性などにより、その関係は異なる。例えば、本国本社は機密性の高い知識や情報の海外移転には慎重になるかもしれない。現地適応とグローバル統合のバランスについても、経営の担い手となる人物の意識や価値観、彼（彼女）が持つ人的ネットワークなどにより、多様なものになるであろう。このように、現地子会社の置かれた諸条件により、本国本社から供給される経営資源の質や量は異なる。

現地子会社が関わりをもつ組織は本国本社だけではない。現地市場における諸組織との関係も重要になる。現地市場における諸プレイヤーのひとつとなるものが、現地でのパートナー企業である。図における②の流れである。本研究で取り上げた英国企業のいくつかが、日本における現地企業からの要請に応じて対日投資を決断した事実は、このつながりの重要性を示している。現地子会社は技術提携や販売提携、さらには資本提携など、さまざまなかたちでパートナー企業との関わりを持つことになる。そのつながりの強弱は、それぞれの組織との提携形態や信頼性、本国本社との関係などにより多様である。

現地経営を展開するなかで、現地の政財界との関わりも重要になる。図における③の流れである。政財界の動向は、外国企業に対する受容性の度合に影響を与える。その影響は、産業政策などの形で現れることになる。現地子会社と政財界の関係は、投資国・被投資国間の関係や、現地国の政治・経済的な状況、現地子会社が有する人脈などといった諸要因により、変化する。これら組織との結びつきは、カントリー・リスクへの対応において重要になる[19]。

消費者との関係も重要である。図における④の流れである。消費者は企業に利益をもたらす存在である。また、消費者は新製品開発や新たなビジ

ネス・チャンスに関する情報を提供する存在でもある。企業に対するイメージや、商品に対するブランド・イメージを持っており、それが購買行動に影響を与える。外国資本としての企業のイメージが積極的な意味を持つのか、あるいは消極的な意味を持つのかは、時代背景や個人の認識により異なる。

最後に、競合企業との関係である。図における⑤の流れである。後発国・日本においては、現地企業の多くは英国企業に対して比較劣位にあった。多くが幼稚産業であった。だが、やがていくつかの企業がキャッチアップに成功し、英国企業の地位を脅かすことになる。このような現地の競合企業とどのように対峙するのか、英国企業はその選択を迫られることになる。

以上のように、現地子会社は多様な組織と関わりを持ちながら、ビジネス活動を展開することになる。これらとの関係の構築と維持、再編が、競合企業との競争に影響を与え、それが経営成果として反映されることになる。経営者は企業内部のみならず、外部組織との関わりという意思決定に、腐心することになる。本書では、このような諸組織とのネットワークを視野に入れながら、研究を進めていくことにする。

本研究の構成

本書で、日英を巡る企業経営の歴史のすべてを取り上げることは困難である。そこで、在日資産の規模や日本産業界への影響などを分析し、さらには、先行研究の進行度合いを考慮し、研究対象とする企業を次の4社に絞った。貿易商社サミュエル商会と、同社を母体のひとつに誕生したロイヤル・ダッチ＝シェルグループ、ボイラー製造企業のバブコック・アンド・ウィルコックス（以下、英国B＆W）、ゴム・タイヤ製造のダンロップ、油脂工業のリーバ・ブラザーズ、以上の4社である。その他の企業については、第2章において概略的に取り上げることにする。

本書は本章を含め、全8章から構成されている。各章におけるおおよその内容は次のとおりである。

第2章「第二次大戦前における英国企業の日本進出」では、先行研究を

もとに、日英を巡る国際的な企業関係の歴史を概観する。幕末開国から第二次大戦勃発の頃に至るおよそ90年間を中心に、時系列的に歴史をたどることにする。

特に、ここでは「居留地貿易体制下の時代」、「協調体制下の時代」、「対立関係下の時代」の3つに時代を区分し、それぞれの時代の特徴と、同時代に繰り広げられたビジネス活動を大まかに把握する。ここで得た歴史知識を基礎に、次章以下での事例研究をみていく。

第3章「サミュエル商会の対日投資と現地経営」では、英国の貿易商社、サミュエル商会による対日ビジネスの歴史を取り上げる。同社は19世紀半ばより東洋貿易に従事した貿易商社である。商品取引のほかに金融ビジネスを展開していた。

対日ビジネスを展開するなかで、同商会は石油ビジネスへ参入した。やがて、同商会は石油事業を子会社のシェル・トランスポートに譲渡し、本格的に事業展開した。後に、そのシェル・トランスポートはオランダのロイヤル・ダッチと提携し、国際的な石油資本ロイヤル・ダッチ＝シェルグループとなっている。

日本での現地経営は、同グループの傘下企業であるライジングサン石油が展開した。ライジングサン石油の対日ビジネスは、日本政府による規制や、国内での新規参入企業との競争といった諸問題に直面するが、それぞれの局面で、多様な意思決定を下した。その結果、同社は今日（2009年現在）でも、我が国の石油業界における主導的な地位を保っている。

この章では、サミュエル商会ならびにライジングサン石油が経験した、このような現地経営の歴史をたどることにする。

第4章「英国Ｂ＆Ｗの対日投資と現地経営」では、ボイラー製造企業・英国Ｂ＆Ｗの、対日ビジネスの歴史を取り上げる。同社は1891年に米国本社から独立し、誕生した企業である。1907年に日本支店を開設するほか、横浜にあった船舶部品製造会社を買収し、事業を本格化させた。

日本において、英国Ｂ＆Ｗは三井物産との関係を重視し、ビジネス活動を展開した。この関係は同社の現地経営にとって重要な意味をもった。後

に日本においてナショナリズムが台頭すると、両社は事業を合弁化し、戦時経済下での現地経営にあたった。

この章では、英国Ｂ＆Ｗが経験した、このような現地経営の歴史をたどることにする。

第5章「ダンロップの対日投資と現地経営」では、タイヤ・ゴム製品製造企業・ダンロップの、対日ビジネスの歴史を取り上げる。同社は獣医ダンロップが発明した、空気入りタイヤの事業化を目的に誕生した企業である。1908年より、ライセンシングによる日本での現地生産に着手した。同社は事業展開するなかで、次第に日本の現地子会社に対する出資比率を高めた。第二次大戦勃発前までに、現地子会社を完全所有会社とした。

日本において同社は、1920年代までに自動車タイヤ市場をほぼ独占した。しかし、1930年代にライバル企業が現れると、次第に市場を奪われた。さらに、カントリー・リスクへの対応の失敗により、戦後はライバル企業の後塵を拝するようになった。

この章では、ダンロップが経験した、このような現地経営の歴史をたどることにする。

第6章「リーバ・ブラザーズの対日投資と現地経営」では、石鹸製造企業・リーバ・ブラザーズの、対日ビジネスの歴史を取り上げる。同社は商標付き石鹸の生産・販売により、急成長を遂げた企業である。1910年に対日投資を決断し、兵庫県・尼崎に大規模な工場を建設した。石鹸、硬化油、グリセリンといった油脂製品が同工場でつくられた。

同社は最新鋭の機械設備を有し、現地企業を圧倒する競争力を持っていた。しかし、現地企業との競争の激化、製造技術における欠陥、労使紛争の頻発などの問題を抱えており、現地経営は失敗に終わった。1925年には、日本子会社を現地企業に売却し、日本から撤退した。

この章では、リーバ・ブラザーズが経験した、このような現地経営の歴史をたどることにする。

第7章「英国企業のネットワーク――比較分析――」では、これまでに取り上げた事例研究を中心に、英国企業による対日ビジネスの内容を比較

検討する。ここでは特に、ネットワークが構築されたプロセスにスポットをあてて分析を試みる。

　対日投資にあたり、英国企業はどのようなネットワークを構築したのか。そのネットワークはどのように機能したのであろうか。現地経営を展開するなかで、ネットワークはどのように変化したのだろうか。このような疑問を中心に考察を加えていく。そうすることで、英国企業の現地経営の歴史を要約するとともに、その理解を深めるための知識を提供する。

　第8章「研究の到達点と残された課題」では、本研究でのこれまでの研究到達点を示すとともに、残された課題を提示する。本研究でのまとめとなる。

　なお、本書を編むにあたって下記の論文を参考にした。ただし、その編集過程において、大幅な構成の変更と、加筆・修正を行っていることを断っておきたい。初出一覧は、次のとおりである。

第1章　問題提起
　　　　書き下ろし
第2章　第二次大戦前における英国企業の日本進出
　　　　拙著（2008a）「第二次大戦前における英国企業の日本進出」『広島経済大学経済研究論集』（広島経済大学）第30巻第3・4号.
第3章　サミュエル商会の対日投資と現地経営
　　　　拙著（2007）「英国サミュエル商会のグローバル展開と日本」『経済研究論集』（広島経済大学）第29巻第4号.
第4章　英国B＆Wの対日投資と現地経営
　　　　拙著（2003）「英国バブコック・アンド・ウィルコックスの初期の対日投資」『星陵台論集』（神戸商科大学）第36巻第2号.
第5章　ダンロップの対日投資と現地経営
　　　　拙著（2008b）「外国資本企業の対日投資と現地経営──ダン

ロップの事例を中心として──」『国際ビジネス研究学会　年報2008』（国際ビジネス研究学会）．

第6章　リーバ・ブラザーズの対日投資と現地経営

拙著（2002）「英国リーバ・ブラザーズの初期の対日投資1910－1925年」『星陵台論集』（神戸商科大学）第35巻第3号．

拙著（2004）「英国企業の極東戦略と尼崎」『地域史研究』（尼崎市立地域研究史料館）第33号第2号．（同論文は、学術文献刊行会編『日本史学年次別論文集　近現代　2004年』朋文出版，2007年にも再掲載されている）

第7章　英国企業のネットワーク──比較分析──

書き下ろし

第8章　研究の到達点と残された課題

書き下ろし

注）
1）工藤章（1993）『日独企業関係史』有斐閣．工藤は、戦間期における日独関係の歴史に、企業史の視角から迫ろうとした。輸出、直接投資、その他の事業展開（広義のライセンシング）という参入様式の形態を相互に関連づけながら、考察した。
2）塩見治人，堀一郎編（1998）『日米関係経営史』名古屋大学出版会．塩見・堀らは、第二次大戦後から20世紀末までの日米関係の歴史に、経営史の視角から迫ろうとした。日本企業1社と米国企業1社からなる企業関係の歴史を12ケース取り上げ、これら研究を通じて、20世紀後半の世界の産業動向を概観した。
3）中川敬一郎はガーシェンクロン・モデルをもとに、後発国の工業化は初期段階から先進国企業に劣らない規模で先進国の技術や資本を導入する必要があることから、先進国との国際関係が大きな影響を与えると考えた。したがって、後発工業国である日本の経営史研究において、国際関係経営史の視点が不可欠であるという認識を示した。中川敬一郎（1981）「経営史学における国際比較と国際関係」（土屋守章，森川英正編『企業者活動の史的研究』日本経済新聞社）．

なお、ガーシェンクロン・モデルについては Gershenkron, Alexander. (1962) *Selection of Essays from Economic Backward in Historical Perspective and Continuity in History & Other Essays,* President and Fellows of Harvard College（絵所秀紀，雨宮昭彦，峯陽一，鈴木義一訳『後発工業国の経済史』ミネルヴァ書房，2005年）ならびに、中川敬一郎（1981）『比較経営史序説』東京大学出版会．を参照されたい。

4）桑原哲也（2001）「グローバル企業の対日投資──回顧と展望──」『ビジネスインサイト』第9巻第1号，pp.44-47．具体的な企業については、本書の34ページを参照されたい。

5）「多国籍企業研究と国家」プロジェクトの詳細については、井上忠勝（1972）「ハーバード大学におけるフォード財団の援助による多国籍企業プロジェクトについて」『経済経営研究』第22号（Ⅰ）神戸大学経済経営研究所．ならびに、吉原英樹（2001）『国際経営』有斐閣．を参照されたい。

　また、同プロジェクトによる成果としては、Vernon, Raymond. (1971) *Sovereignty at Bay The multinational spread of U. S. Enterprises,* Basic Books（霍見芳浩訳『多国籍企業の新展開　追いつめられる国家主権』ダイヤモンド，1973年）．を参照されたい。

6）Chandler, A. D. Jr. (1990) *Scale and Scope: The Dynamics of Industrial Capitalism,* Belknap Press（安部悦生，工藤章，日高千景，川辺信雄，西牟田祐二，山口一臣訳『スケールアンドスコープ──経営力発展の国際比較』有斐閣，1993年）．

7）ジェフリー・ジョーンズ（1994）「二〇世紀イギリスにおけるビッグ・ビジネス、マネジメントおよび競争力」『経営史学』（経営史学会）第29巻第1号，pp.31-32．

8）ハイマーやキンドルバーガーは、企業が対外直接投資を試みる理由として、企業間競争の排除と優位性の利用を考えた。彼らは競争を排除する方法として、企業同士で何らかの結託が存在する必要があると考えた。完全競争が行われているような市場では、企業間の結託は難しくなる。しかし、寡占競争など、不完全な市場構造をもつ状況では、結託が容易になる。したがって、企業は他国企業を支配することで、競争状況を緩和し、寡占的な状況を作り出そうとしていると考えたのである。

　また、企業が海外で事業を展開する時、当該企業は現地企業と比べて不利な状況に置かれている。現地市場に関する情報や知識が欠如しているためである。したがって、その劣位性を差し引いても余りある優位性を持つ時、企業は対外直接投資を行うと考えたのである。Hymer, Stephen, H. (1976) *The International Operations of National Firms: A study of Direct Foreign Investment,* MIT Press（宮崎義一編訳『多国籍企業論』岩波書店，1979年）．

なお，キンドルバーガーは優位性を独占的優位性（monopolistic advantage）とよび，次のような要素に求めている。①製品市場における完全競争からの乖離。②要素市場における完全競争からの乖離。③規模の経済と垂直統合の利益。④生産あるいは参入に対する政府の規制。詳細については，Kindlebergear, C. P. (1969) *American Business Abroad: Six Lectures on Direct Investment,* Yale University Press, pp. 13-14.（小沼敏監訳『国際化経済の論理』ぺりかん社，1970年，p.29.）を参照されたい。
9）バーノンは，マーケティング研究におけるプロダクト・ライフ・サイクルの概念を応用し，アメリカ企業の多国籍化を説明しようとした。このなかで，ハイマーが直接投資の動機を優位性の利用という積極的な行動に求めたのに対して，バーノンは市場防衛的投資という理由を提示した。
　また，企業が対外直接投資に踏み切る理由として，新興国市場での新規参入企業の出現にともなう低コスト生産の必要性をあげた。詳細については，Vernon, R. (1966) "Internatinal Investment and International Trade in the Product Cycle" *The Quarterly Journal of Economics,* Vol. 80 No. 2, pp. 190-207. を参照されたい。
10）バックレ＝カソンは，中間財における市場の不完全性に注目した。ここでの中間財には，半加工材料に限らず知識や専門技術なども含まれている。これら中間財は市場からの調達が困難である。そこで，企業は中間財市場の欠陥を克服するために，外部市場の内部化を試みることになる。そして，これら企業が国境を越えて市場の内部化を進める時，多国籍企業が創出されると考えたのである。詳細については Buckley, P. J. and Casson, M. (1976) *The Future of the Multinational Enterprise,* Macmillian Press.（清水隆雄訳『多国籍企業の将来』文眞堂，1993年）を参照されたい。
11）ダニングは，所有優位性（O優位性）、立地優位性（L優位性）、内部化優位性（I優位性）の3つの多国籍企業理論を統合し，多国籍企業の行動を説明しようとした。詳細については，Dunning, J. H. (1988), *Explaining International Production,* Unwin Hyman. を参照されたい。
12）この点に関する議論は，山口隆英（2006）『多国籍企業の組織能力　日本のマザー工場システム』白桃書房. が詳しいので，参照されたい。
13）詳細については，Bartlett, C. A. and Ghoshal, S. (1989) *Managing Across Borders: The Transnational Solution,* Harvard Business School Press.（吉原英樹監訳『地球市場時代の企業戦略』日本経済新聞社，1990年）を参照されたい。
14）中川敬一郎（1967）「日本の工業化過程における『組織化された企業者活動』」『経営史学』第2巻第3号，pp.8-12.
15）なお，シュンペーターはイノベーションの種類として，新しい財貨の生

産、新しい生産方法、新しい販路の開拓、原料あるいは半製品の新しい供給源の獲得、新しい組織の実現の5つをあげている。詳細については、Schumpeter, J, A. (1926) *Theorie der wirtschaftlichen enrwicklung*, Duncker & Humblot, pp. 100-101.（塩野谷祐一，中山伊知郎，東畑精一訳『経済発展の理論（上）』岩波書店，1977年，pp. 182-183.）を参照されたい。

16）山倉によれば、個別企業が他の企業との連合・提携を結ぶ利点として、次のようなものがあるという。①自らの必要とする資源・情報を容易に獲得できる。②他企業との連合によって、新しい企業行動や思考様式について学習する。③他企業からの継続的支持を獲得することの一助となる。④他企業との連合が当該企業の「威信」を高める効果を持っている。逆に問題点としては、①自らの自主性が失われる危険性がある。②当事者間のコンフリクトの発生。③連合が新たな競争者を作りだす。以上のものがある。これらの詳細については、山倉健嗣（1987）「経営戦略と組織間関係」『横浜経営研究』（横浜国立大学）第8巻第3号，pp. 28-29. を参照されたい。

17）本研究のフレームワークは、ネットワーク研究の成果をもとに着想したものである。特に、スモール・ワールドネットワークに関する研究が、興味深い視点を与えるものとなった。

　スモール・ワールド現象は、専門的には「六次の隔たり（Six degrees of Separation）」として知られる現象である。つまり、6人の知人の連鎖を介せば、世界中のどんな人にでもたどり着けるという、経験的法則にもとづく考えである。スモール・ワールド現象は、ミルグラム（Milgram, S.）、グラノベッター（Granovetter, M. S.）、ワッツ（Watts, D. J.）とストロガッツ（Strogatz, S. H.）、西口敏宏など、社会学、心理学領域の研究者によって、学際的な研究がなされてきた。

　例えば、ミルグラムは、米国の被験者に対して、ボストン勤務のターゲット・パーソンに手紙を届けるように頼んだ。もし、そのターゲット・パーソンを知らなければ、その人を知っていると思われる人物に頼み、手紙を届けてもらうように依頼した。このような手紙のリレーにより、何人の人を介してターゲット・パーソンに手紙がたどり着くのかを測定した。その結果、平均6回程度でターゲット・パーソンに手紙が届いており、経験則で伝えられてきた「六次の隔たり」に合致する結果となった。詳細については、Milgram, S. (1967) "The small world problem", *Psychology Today,* Vol. 1, No. 1, pp. 60-67. を参照されたい。

　グラノベッター（Granovetter, M. S.）は、人々の間の絆の強弱に関心を抱き、調査をおこなった。彼は、ホワイトカラー労働者にインタビューを行い、現在の職をどのようにして得たのかを調べた。その結果、転職に関する重要

な情報は、家族や親友のような「強い絆」よりも、単なる知り合いのような「弱い絆」からもたらされていることが明らかになった。弱い絆が、社会ネットワークを結びつけるための紐帯の役割を果たしたのである。したがって、自分の住む世界とは異質な世界へのブリッジ（架橋）が、ネットワークに有益な影響をもたらすと考えた。詳細については、Granovetter, M. S. (1974) *Getting a job: a study of contacts and careers,* Harvard Univ Press.（渡辺深訳『転職：ネットワークとキャリアの研究』ミネルヴァ書房, 1998年）を参照されたい。

　ワッツとストロガッツは、ミルグラムとグラノベッターの考えを結びつける研究を行った。彼らは、コオロギの生体振動子の研究に取り組むなかで、スモール・ワールド現象に着目した。彼らはグラフ理論を用いて現象の説明を試みた。詳細については、Watts, D. J. (2003) *The Six Degrees: The Science of a Connected Age,* W. W. Nortpn & Company.（辻竜平，友知政樹訳『スモールワールド・ネットワーク――世界を知るための新科学的思考』阪急コミュニケーションズ, 2004年）を参照されたい。

　西口敏宏は、人や組織を取り巻くネットワークのトポロジーに着目した。それぞれの認知限界と資源の制約を超えて成功をおさめるためには、スモール・ネットワーク化が重要であると考えた。そして、この考えを中国・温州商人やアイシン精機などの事例を用いて実証した。詳細については、西口敏宏（2007）『遠距離交際と近所づきあい――成功する組織ネットワーク戦略』ＮＴＴ出版. を参照されたい。

18) 現地子会社のパフォーマンスと本国の経済環境との関係については、多くの研究者が指摘しているところである。例えば、Stopford, J. M. and Turner, L. (1985) *Britain and the Multinationals,* Jhon Wiley & Sons, p. 54. を参照されたい。

19) カントリー・リスクについては、梅野巨利（2002）『中東石油利権と政治リスク――イラン石油産業国有化紛争史研究』多賀出版. を参照されたい。

第2章
第二次大戦前における英国企業の日本進出

　本章では、先行研究をもとに、日英を巡る国際的な企業関係の歴史を概観する[1]。日英の交流史は、1600年のアダムス（Adams, W.）の来日にまで遡るが、人的・経済的な交流が本格化したのは、日英和親条約（1854年）、日英修好通商条約（1858年）の締結以降であった。幕末に函館、新潟、横浜、神戸、長崎などに外国人居留地が設けられ、英国を含む外国商人との間に国際的な商取引が行われた。

　日英両国の関係は日清戦争（1894～95年）を境に、親密の度を加えていった。1902年には日英同盟が締結され、両国は同盟関係となった。両国関係を背景に、英国企業の対日進出も活発になった。この時期、英国企業は技術供与や直接投資によって、日本に多くの経営資源を移転した。

　しかし、両国の蜜月関係は長くは続かなかった。満州事変勃発（1931年）の頃より両国関係が悪化し、英国企業の経営活動が制約されたのである。最終的に、両国は戦火を交え、経済交流が一時的に断たれた。

　このように、およそ一世紀の間に、日英両国の関係は目まぐるしく変化した。ただ、外部環境が変化するなかにあっても、現地子会社の経営者は、主体的に多様な意思決定を下した。その意思決定の結果は、現地子会社の盛衰に大きな影響を与えた。

　以下、本章では、「居留地貿易体制下の時代」、「協調体制下の時代」、「対立関係下の時代」の3つに大まかに時代を区分し、時系列的に英国企業による現地経営の歴史をたどることにする。

1．居留地貿易体制下の英国企業

開国前の日英関係

　日英間の交流史は、1600年に英国人、アダムスが豊後（大分県）・臼杵湾に漂着したことにはじまる。彼は1598年にオランダ商船5隻・乗組員110名から成る船団に乗船し、オランダ・ロッテルダムを出港した。航海の目的は、極東地域への到達と通商関係の締結であった。

　しかし、その航海は過酷なものであった。ポルトガルやスペインによる船の拿捕、寄港した先々での罹患や現地住民との衝突、悪天などにより、次々と船が船団から離散した。最終的に、極東にたどり着いた船は、アダムスの乗船するリーフデ号ただ1隻となっていた。

　日本へ漂着後、アダムスは徳川家康に謁見するが、彼はその才能を見込まれ、外交顧問として仕えることになった。日本では三浦按針と名乗った。アダムスは造船技術などを併せ持っていたことから、大型船建造にも携わった。これら功績から、やがて彼は250石の旗本として取り立てられた[2]。

　人的な交流に続き、経済交流は1613年に英国東インド会社[3]の船、クローブ号が長崎・平戸に寄港したことを契機にはじまった。クローブ号の艦長であったセーリス（Saris, J.）が、英国国王の国書を携えて来日し、幕府に通商の締結を求めたのである。これに対して幕府は、アダムスからの働きかけもあり、東インド会社に朱印状を与え、通商を認めている。こうして、日英間での経済交流が開始された。東インド会社は平戸に商館を開設するほか、江戸、大阪に支店を、長崎、京都、堺に代理店を設け、日本商人との商取引をはじめた。

　しかし、オランダとの競争にさらされたことから、商館運営は上手くはいかなかった。そのため、1623年に平戸商館を閉鎖し、日本から撤退した。こうして、初期の日英間の経済交流は、わずか10年ほどで幕を下ろした[4]。再び両国で経済交流が行われるのは、200年以上も後のことであった[5]。

第 2 章　第二次大戦前における英国企業の日本進出

英国におけるグローバル化のあゆみ

　日英の経済交流が途絶えた間、両国は対照的なグローバル化の歴史を歩んだ。17世紀はじめ、ヨーロッパの一辺境にすぎなかった英国は、北米や西インド諸島への入植を本格化させた。さらに、三次にわたるオランダとの戦争、第二次英仏百年戦争に勝利し、植民地を拡大した。

　英国は、植民地との貿易を英国船に限定する航海法（1651年）[6]、植民地からの毛織物の輸出を禁じる毛織物法（1699年）、ビーヴァー皮の帽子の輸出を禁じる帽子法（1732年）、植民地における鉄製品の生産を禁じる製鉄品法（1750年）[7]など、一連の法を制定し、植民地の経済活動を統制した。英国は、植民地を原料の供給地、製品の販売市場にとどめ、本国産業の成長・発展のために利用した。このような、いわゆる重商主義帝国は、七年戦争（1756～63年）の勝利により、最盛期を迎えた[8]。

　対内的には、英国は18世紀後半に産業革命に成功し、1800年までに世界の工場となった[9]。他国に先駆けて、農業社会から工業社会へと社会構造を転換した。綿製品を中心とする工業製品が、植民地などの世界市場へ供給された。英国は繁栄の時代を迎えた。

　しかし、19世紀になると、状況に変化が生じた。1806年にフランス帝国のナポレオンが大陸封鎖政策を打ち出し、英国製品をヨーロッパ市場から閉め出したのである。当時、英国は工業製品の約3分の1をヨーロッパ市場へ輸出していた。そのため、市場の喪失は英国工業界に大きな打撃を与えた。英国は帝国外に領土を求めざるをえなくなった[10]。

　この時、英国が目を向けた地が東アジア地域であった。当時、東アジア諸国は海禁政策をとっていた。これに対し、英国は砲艦外交により市場開放を迫った。例えば、中国ではアヘン戦争（1840～42年）の勝利以降、南京条約、北京条約、天津条約などの不平等条約を結び、沿岸部および長江流域を中心に、港や市を開放させた[11]。東アジアにおいて構築された伝統的な冊封関係や朝貢貿易体制が崩壊した。

　英国は東アジア地域へ勢力を伸ばすなかで、重商主義から自由貿易主義へと対外政策を転換した[12]。かつて制定された保護政策は、植民地政策に

は有効であったが、海外市場の拡大にはマイナスに働いた。そこで、1843年に機械輸出禁止政策、1846年に穀物法、1849年に航海法を廃止した[13]。東インド会社に与えられていた独占的交易権も順次廃止され、自由貿易政策が推し進められた。

英国企業と海外市場

自由貿易政策の推進とともに、英国企業の海外進出が活発になった。製造業者らは、ヨーロッパ諸国や米国の市場には卸売商を通して工業製品を輸出した。アジアやラテンアメリカといった途上国市場へは、商人や貿易会社を介して、製品を輸出した[14]。

輸送技術の進歩は、このような貿易活動を後押しした。蒸気船・鉄道技術が進歩したことで輸送コストが低減され、遠隔地との商取引が可能になったのである[15]。P.＆O.汽船やブルー・ファネルといった大規模な船舶会社は、強大な海運力を発揮した。さらに、1869年にスエズ運河が開通すると、英国とアジア地域との物理的・心理的な距離が縮まった。

電信技術の発達もまた、企業の海外進出に積極的な影響を与

表2－1．英国の輸出比率
(100万ポンド、％)

年	GNP	輸出額	輸出額／GNP
1801	232	54	23.3
1811	301	40	13.3
1821	291	46	15.8
1831	340	44	12.9
1841	452	62	13.7
1851	523	87	16.6
1861	728	160	22.0
1871	1,021	284	27.8
1881	1,135	297	26.2
1891	1,370	309	22.6
1901	1,755	348	19.8
1910	2,050	518	25.3
1913	2,333	635	27.2
1924	3,960	941	23.8
1930	4,356	658	15.1
1935	4,376	481	11.0
1938	5,124	532	10.4
1948	10,469	1,643	15.7

出所）安部悦生（1997）「イギリス企業の戦略と組織」安部悦生，岡山礼子，岩内亮一，湯沢威『イギリス企業経営の歴史的展開』勁草書房，p.59.をもとに作成した。

えた。情報コストの低減と通信速度の高速化は、遠隔地でのビジネス・リスクを低減した。英国は海底ケーブルの敷設に特に積極的であった。1900年までに世界で19万マイルの海底ケーブルが敷設されたが、そのうちの72％を英国が所有していた[16]。英国は貿易インフラの整備に力を注いだ。

英国経済にとって海外市場は重要な存在であった。表2－1は、19世紀はじめから20世紀半ばまでの、英国のGNP（国民総生産）に対する輸出の割合を示している。この表から、英国は平均してGNPの2割前後を海外輸出に頼っていたことがわかる。輸出立国であった日本の第二次大戦後の同比率が概ね10％以下であったことを考えれば、英国経済がいかに海外市場に依存していたかがわかる[17]。海外市場の開拓は、国家の存亡に関わる重要な問題であった。

日英交流の再開

積極的に海外進出を図る英国とは対照的に、日本においては1639年より鎖国政策がとられていた。江戸幕府は、貿易相手国を中国、朝鮮、オランダなどの一部の国に限定し、管理貿易を実施した。

ところが、英国が東アジアでの存在を高めつつあった1840年代には、幕府財政が破綻し、体制崩壊の危機にあった。老中であった水野忠邦が1841年より再建のための改革に着手したが（天保改革）、その試みは失敗に終わった。

このような状況下、1853年に米国のペリー（Perry, M. C.）が神奈川県・浦賀に来航し、日本に開国を迫った。最終的に幕府はその条件を飲み、両国の間に、日米和親条約（1854年）、日米修好通商条約（1858年）といった一連の条約が締結された。英国との間にも同様に、日英和親条約（1854年）、日英修好通商条約（1858年）が締結され、日英両国の人的・経済的交流が再開された。

ただ、長期にわたり鎖国していた日本で、外資系企業がビジネスを行うことには高いリスクを伴っていた。そのリスクを低減させる必要があった。そこで欧米諸国は、日本に治外法権を認めさせることで、私的財産を保証

させた[18]）。「財産権」という概念を持ち込み、国家による外国人財産の保障を義務づけたのである。

また、自由貿易を実現するためには、輸出入の妨げとなる関税障壁を撤廃させる必要があった。そこで、欧米諸国は通商条約のなかに協定関税制を盛り込み、貿易に対する日本政府の介入を制限した。

このように日本市場が開放され、欧米諸国との間に商取引が行われるようになった。通商条約の内容は、後発国であった日本側からすれば不平等なものであった。しかし、この条約締結を契機に日本経済と世界経済が結びつけられた。グローバル経済の舞台に日本が立つことになった。

ただし、日本市場は開放されたものの、外資に対して完全に門戸を開いたわけではなかった。日本政府は外国との商取引の場を、函館、横浜、神戸、長崎など、開港場の一画に設けられた居留地に限定したのである。外国人による内地通商権は認められなかった。外国人のビジネス活動の場は厳しく制限され、居留地が「非関税障壁」としての機能を果たした[19]）。依然として、排外的な政策が存続した。

さらに、一部の国民のなかには外国人に対する排除的な感情があった。攘夷の思想が根強く残り、生麦事件（1862年）、井土ヶ谷事件（1863年）、神戸事件（1868年）、堺事件（1868年）など、外交事件がたびたび生じた。外国人にとって、日本は容易に開拓できる市場ではなかった。

巨大商社と日本市場

日本においては、やがて幕藩体制が崩壊し、中央集権的な国家の樹立が図られた。封建制から資本制への社会変革が進められた。このような状況下、貿易関連企業を中心に欧米企業の日本進出がみられた。表2－2は1875年時点での国別の在日外国商社数を示している。当時、日本には257社の外国商社が進出し、商取引を行っていたことが確認されている。そのなかでも英国系商社の動きが活発で、109社が商館を構えていた。

日本市場に進出してきた貿易商社は、居留地において生糸、茶、蚕卵紙、海産物などといった商品を日本人の売込商から買い取り、海外へ輸出した。

表2－2．1875年時点における国籍別外国商社数

米	英	仏	独	その他	計
30	109	42	43	33	257

出所）杉山伸也（1989）「国際環境と外国貿易」梅村又次、山本有造編『開港と維新』岩波書店、p.184.をもとに作成。

　また、綿織物、毛織物、綿糸、武器、砂糖などといった商品を海外から輸入し、日本人の引取商を通じて販売した。輸出入のうち、需要も多く、また利益率も高かった輸出に、取引の重点を置く商社が多かったという[20]。

　日本におけるビジネスの自由度は決して高くはなかったものの、外国貿易商社は貿易活動における主導的な地位を築くことに成功した。1880年時点で、外国の貿易商社が占める輸出の割合は84％、輸入の割合は93％となった[21]。この支配的な地位は、三井物産、三菱商事、鈴木商店などといった日系総合商社が台頭するまで、揺らぐことはなかった[22]。

　日本に進出してきた英国系貿易商社は、ジャーディン＝マセソン商会のような大規模なものから、グラバー商会のような小規模なものまで、さまざまであった。これら企業によるビジネス活動は個々に多様であった。次に、そのビジネス活動の歴史を振り返ってみよう。

ジャーディン＝マセソン商会の対日ビジネス

　1859年、英国領・香港に拠点を置く東アジア最大の貿易商社、ジャーディン＝マセソン商会が横浜に支店を開設した。同商会は生糸や金貨の取引が有利であると判断し、進出を決断した。同商会は横浜支店のほかにも、長崎、兵庫、大阪、函館に代理店を設けた。各地の支店や代理店は、香港や上海にあるパートナーの指示にしたがって、商取引を行っていた[23]。

　日本における同商会の貿易額は巨額であった。1860年に、同社の対日貿易額は100万ドル台に達しているが、これは全国貿易額のおよそ6分の1を占めていた[24]。ジャーディン＝マセソン商会が開港から間もない日本市場で活躍できた理由のひとつに、同社の規模があった。開港直後の日本に

は外国為替を扱う銀行がなかった。そのため、輸出入が一方にかたよる場合には、メキシコ銀の現送によって自ら為替を決済しなければならなかった[25]。そこで、ジャーディン＝マセソン商会は自ら所有する船舶に巨額のメキシコ銀を積み込んで輸送し、商取引を行っていた[26]。

　ジャーディン＝マセソン商会は生糸の安定供給を実現するために、前貸しによる産地買付を行うこともあった。進出当時、外国人の内地通商権が認められていなかったことから、同商会は日本人商人を介して産地買付を行った。同商会は居留地の壁を越えて、国内流通機構への支配力を高めようとしたのである。

　しかし、このような産地買付は必ずしも成功しなかった。商人による返済不能から、損失を被ることがあった。例えば、ジャーディン＝マセソン商会は、1860～1862年にかけて、生糸売込問屋・高須屋清兵衛に計76万ドル余りの前貸しを行っていたが、そのうちの9万ドル余りが回収不能となった[27]。巨大貿易商社といえども、居留地貿易体制下の日本での商取引には、高いリスクを伴っていた。同商会は、1870～80年代には委託手数料取得を中心とするコッミッション・マーチャントに形態を転じ、リスクを回避するようになった[28]。

グラバー商会のビジネス活動

　小規模な貿易商社によるビジネス活動としては、長崎のグラバー商会が知られている。同商会の創業者トマス・グラバーは、ジャーディン＝マセソン商会の長崎代理人であったケネス・マッケンジーのもとで、商会事務員として働いていた人物である。彼は1861年に、マッケンジーから代理店業務を引き継ぎ、コミッション・エイジェントとして独立した。

　グラバー商会はジャーディン＝マセソン商会、デント商会、サッスーン商会といった大規模な商社の長崎代理店を務めていた[29]。また、ロンドン保険、ロイド船舶保険、香港上海銀行、オリエンタル銀行などといった保険業・銀行業の代理店でもあった[30]。

　設立当初、グラバー商会は日本茶、生糸、海産物の輸出に従事した。と

ころが、やがて投機的かつ短期的性格の強い艦船や武器の取引を行うようになった[31]。その背景に、幕末期の政治的な混乱があった。グラバーは西南雄藩との関係を深め、諸藩から産品を買い付けて輸出する一方で、艦船、大砲、小銃といった武器を輸入し、討幕派に供給した[32]。ビジネスは成功し、グラバー商会は長崎最大の貿易商社となった。

しかし、このようなグラバー商会の繁栄は長くは続かなかった。明治新政府が誕生し、情勢が落ち着くと、事業が停滞したのである。後述するように、グラバーは経営を立て直すために鉱工業分野への進出を図るが、それも上手くはいかなかった。そして1870年、設立からわずか10年余りでグラバーは商会を閉鎖した[33]。

英国貿易商社による鉱工業分野の開発

英国貿易商社のなかには、貿易活動にとどまらず、鉱工業分野への投資を試みるものもあった。例えば、1868年、グラバー商会は薩摩藩との共同で、長崎・小菅にスリップ・ドックを建設した。建設にかかった費用4万ドルをグラバー商会が出資し、5,400坪あまりの土地を薩摩藩が負担した。このドックは、修理船を海面から捲上機で引き上げる構造となっていた。その形状から、「そろばんドック」という名でも知られた。しかし、グラバー商会の資金繰りが悪化したことから、同ドックは1869年に明治政府に売却された[34]。その時の売却額は12万ドルであった。

また、1868年、グラバー商会は鍋島藩と共同で、高島炭鉱の開発に着手した。グラバーは洋式の採掘設備を持ち込むほか、資金の調達、販路の確保に力を注いだ[35]。ここで採掘された石炭は、グラバー商会を通じて上海で販売された[36]。東アジア海域においては蒸気船の増加にともない、燃料としての石炭の需要が増加していた。日本炭の品質は高く、英国炭、オーストラリア炭と並んで評価された[37]。

ただ、既述のとおり、グラバー商会が1870年に破産したことから、高島炭鉱の利権はオランダ貿易会社に移された。その後、鉱山心得書（1872年）、日本坑法（1873年）が制定され、外国人による国内鉱山の所有が禁じられ

ると、高島炭鉱は外資の手を離れ、政府所有の鉱山となった。後に、同鉱山は三菱に譲渡されている[38]。

このほか、1878年、キルビー商会が神戸に小野濱造船所を設立し、汽船の建造を試みた。同社は日本における先駆的な鉄船建造会社であった。琵琶湖で就航した第一太湖丸と第二太湖丸の2隻を建造した。しかし、工場経営は上手くはゆかなかった。そのため、1883年にキルビーが死去すると、同工場は政府に買い取られ、海軍省所管の工場となった[39]。

1881年には、ハンター商会も大阪に大阪鐵工所を設立した。創業者のハンターはキルビー商会の元商会員であり、小野濱造船所の経営にも携わっていた人物である。彼が設立した大阪鐵工所は工場敷地約3,000坪、従業員数200人余という規模であった。同社は、艦船の修理のみならず、蒸気船も建造していた。また、蒸気機関やボイラーも製作していた。明治末年頃までに、三菱造船、川崎造船と並ぶ日本三大造船所のひとつとなった。

しかし、船舶の大型化が進むと、個人経営から脱する必要に迫られた。そこで、1914年に同社は資本金600万円の株式会社大阪鉄工所へと改組された。この時、ハンターは会社経営を大阪商船に委ねることを決意した[40]。こうして、同社もまた外国人の手から離れることになった。

このように、開港後より貿易商社のいくつかが直接投資を試みた。ただ、この時期、日本における外国企業に対する受容性は低かった。そのため、政府や民族企業により、これら外国人の権利は回収された[41]。

金融通貨制度の確立と英国系銀行

幕末開港後しばらくして、居留地に外国銀行の支店・代理店も開設された。外国銀行は為替の売買、発券、預金、貸出などの業務に従事した[42]。

例えば、1864年、東洋での植民地銀行であったオリエンタル・バンク（東洋銀行）が横浜支店を開設した。同行は1842年にムンバイにて設立され、1845年にロンドンに拠点を移した銀行である。横浜支店を開設した当時、ムンバイ、カルカッタ、コロンボ、香港、マドラス、モーリシャス、メルボルン、上海、シンガポール、シドニーなどに支店を構えていた。

第2章　第二次大戦前における英国企業の日本進出

　オリエンタル・バンクは、借款供与や外債発行の引受けなどを通じて、明治新政府の財政政策に関わった[43]。1869年、同行は明治政府との間に「貨幣鋳造条約」（兌銀舗約定書）を締結し、造幣に必要な機械設備を輸入するほか、外国人技術者を斡旋した[44]。

　また、オリエンタル・バンクは三井組とも取引関係にあり、三井組の経営危機の折りには融資に応じるなど、ビジネス活動を支援した[45]。このように、オリエンタル・バンクは政府や財界との間に太いパイプを築き、対日ビジネスを展開した。

　しかし、オリエンタル・バンクの日本における地位は強固なものではなかった。1880年に横浜正金銀行が設立され、外国商社や外国銀行が行っていた外国為替業務を同行が遂行するようになると、次第にオリエンタル・バンクの地位は低下した[46]。そして、1884年、オリエンタル・バンク英国本店が業績悪化により倒産したことから、同行は横浜支店を閉鎖した[47]。

　オリエンタル・バンクのほかに、香港上海銀行も日本に支店を開設した。同行はP. & O.汽船やデント商会など、香港で事業展開していた企業が中心となって、1865年に設立した銀行である。アジア一円のほか、米国、ヨーロッパなど、世界各地に支店を有していた[48]。日本には1865年に、マクファーソン商会に委嘱し、代理店を開設した。その翌年には、自ら横浜に支店を設立し、日本での業務を本格化させた。

　同行は1870年に兵庫支店、1872年に大阪支店、1892年に長崎支店を開設し、対日ビジネスを拡大させた。香港上海銀行は、外国銀行としては珍しく貯蓄預金に力を入れていた。また、政府発行の公債引受シンジケート団に参加するなど、外債発行に協力した[49]。

　オリエンタル・バンク、香港上海銀行に遅れて、1880年にはチャータード・バンク（現在のスタンダード・チャータード）が日本に進出してきた。同行は1853年に東洋貿易に関わる商人や海運業者によって設立された為替銀行である[50]。アジア各地に支店網を持っていた。

　チャータード・バンクは日本におけるビジネスの拡張に慎重であった。支店開設はもちろん、対政府取引にも消極的であった。同行は、1897年に

29

軍事公債、1899年に外国公債の引受シンジケート団に参加したものの、それ以降の政府外債には関わろうとはしなかった[51]。

このように、開国後しばらくして外国銀行の日本進出もみられた。後述するが、19世紀後半より英国製造業の国際競争力が次第に低下したのに対し、英国金融業は海外投資を増加させていった。各国政府が発行した債券などへの証券投資を積極的に行い、世界経済における地位を確立した[52]。

1880年から1900年頃にかけて、多くの国が金本位制を採用したが、英国はこの通貨制度を主導する立場にあった。英国通貨スターリングは基軸通貨としての役割を果たした[53]。国際金融の発展を背景に、英国系銀行は日本における影響力を高めた。

2．協調体制下の英国企業

英国の衰退と日英関係の強化

19世紀後半、英国は不況の時代を迎えた。1873年の世界恐慌、1879年の恐慌、1890年のベアリング恐慌による影響などであった。この長期にわたる不況の原因のひとつが、後発国における工業化であった。この時期、特に米国とドイツが工業化に成功し、世界経済における存在感を高めた（表2－3を参照されたい）。ロシアやイタリアなどにおいても工業化が進められており、次第に英国製造業の国際競争力が低下した。英国は世界の工場から、三大工業国のひとつに転落した[54]。

対外的には、英国はボーア戦争の不振、ドイツ帝国の台頭、ロシアの南下政策への備えなど、さまざまな問題を抱えていた。そこで、英国は「光栄ある孤立」を見直し、軍事・外交面での同盟国を求めた。1901年に米国との間でヘイ・ボーンスフット条約が結ばれ、協調体制が築かれた。

この時期、対日関係にも変化が生じた。まず、1894年、日英通商航海条約が締結された（1899年実施）。これにより、日本の悲願であった治外法権の撤廃、関税自主権の一部回復が認められた。さらに、1902年には日英同盟が締結され、両国の関係が同盟国にまで高められた。

日英同盟は、義和団事件の鎮圧に協力した日本との友好関係を強化しようとするものであった。東アジア地域に領土拡張を進めるロシアの動きを阻止するという点で、両国の利害が一致した。日露戦争（1904～05年）では、英国は軍事・経済面で日本を支援した。日英それぞれの思惑のなかで、両国の親密さが増していった。

表2－3．世界工業生産に占める各国シェア（％）

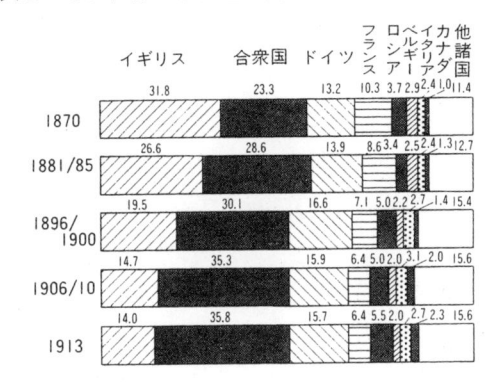

年	イギリス	合衆国	ドイツ	フランス	ベルギー	イタリア	カナダ	他諸国
1870	31.8	23.3	13.2	10.3	3.7	2.9	2.4	1.0	11.4
1881/85	26.6	28.6	13.9	8.6	3.4	2.5	2.4	1.3	12.7
1896/1900	19.5	30.1	16.6	7.1	5.0	2.2	2.7	1.4	15.4
1906/10	14.7	35.3	15.9	6.4	5.0	2.0	3.1	2.0	15.6
1913	14.0	35.8	15.7	6.4	5.0	2.0	2.7	2.3	15.6

出所）宮崎犀一ほか（1981）『近代国際経済要覧』東京大学出版会，p.88.

日本における外資政策の転換

後発国であった日本は日清戦争（1894～95年）、日露戦争（1904～05年）に勝利し、アジアにおける存在を高めた。20世紀初頭までに産業革命も成し遂げ、資本主義を確立した。このような状況下、日本は外資政策を転換した[55]。

1897年、日本政府は日清戦争で得た賠償金をもとに、金本位制を採用した。これにより為替リスクが低減され、外国資本企業にとっては対日ビジネスの自由度が増した[56]。また、1899年には、居留地制度が廃止され、外国人の土地所有が認められた[57]。これにより、立地に関する制限が解除された。さらに、同年に商法が制定され、商事に関する基本的な法典が定められた。1900年には鉱業条例が改正され、外国人による鉱業開発が認められた。このように、19世紀末より対日投資環境が整えられた。

このような外資政策転換の理由と経緯を、武藤勲（ダンロップ護謨極東の取締役であった武藤健の子息）は次のように述べている。

31

「日清、日露の両戦役を経て、国威大いに揚り、一等国の地位を占めるに至ったわが国も、その経済力から見れば未だ弱小国の域を脱することが出来ない状態であった。而も、日露の戦役には国力の全てを挙げて戦ったので、戦後は破滅に近い経済状態であった。この危機を逃れる為に採られた国策の一つに『外資の導入』がある。これは英米仏等の先進国から資本と技術を導入して、立後れている諸工業の急速な勃興を図るのが目的であった。

この線に沿って、当時の指導的立場にあった桂、青木、渋沢、大倉その他の官民有力者の間に、二億円の外資輸入シンヂケートを設立する計画があった。種々の支障からこのシンヂケートの設立は実現出来なかったが、その交渉過程を通じて、個々の形での外資導入、技術提携の行われたものがあり、我国工業の発展に多大な影響を与えた。」[58]

このように、政財界を中心に、外資に対する認識に変化が生じ、誘致のための具体的な準備が進められた。対日投資環境の変化と日英の友好関係は、鉱工業分野を中心とする英国企業の日本進出に積極的な影響を与えた。表2－4は、1931年時点における国別の対日直接投資額を示している。米英を中心に、対日投資が生じていた状況を伺い知ることができる。英国資本による投資額は約4,300万円に達し、米国資本（約5,100万円）とともに大きな割合を占めていた。

また、表2－5は第二次大戦前における英国企業の対日投資の概要を、一覧にしたものである。主要なものだけでも13の英国製造企業が、対日投資を行っていたことがわかる。カタン糸、火薬、石鹸・グリセリン、カーボン製品、石油、タイヤ・ゴム製品、鉄鋼・兵器、ボイラー、蓄音機・レコードなどさまざまな産業分野の製造企業が、日本市場における現地生産に着手していた。

これら企業の進出時期は1900年代に多かった。初期の投資額は少ないもので1.2万円（Morgan Crucible）、多いもので250万円（Armstrong & Whitworth、Vickers Sons and Maxim）となっている。所有形態の多くは合弁であったが、

第2章　第二次大戦前における英国企業の日本進出

完全所有も何社かあった。

英国企業の進化を歴史的な視点から研究したウィルソン（Wilson, J. F.）によれば、英国企業のうち、J．＆P．コーツ、ノーベル、ヴィッカースなどは、国内で獲得した比較優位を利用するために、海外進出を試みたという。一方、リーバ・ブラザーズ、シェル、ダンロップなどは、原料の確保に強い関心を持って、海外へ進出したという[59]。日本進出を果たした英国企業のいくつかにも、これらの傾向がみられた。

次に、これら企業を中心に、協調体制下における英国企業の対日ビジネスの歴史を振り返ってみよう。

表2－4．各国投資の分布

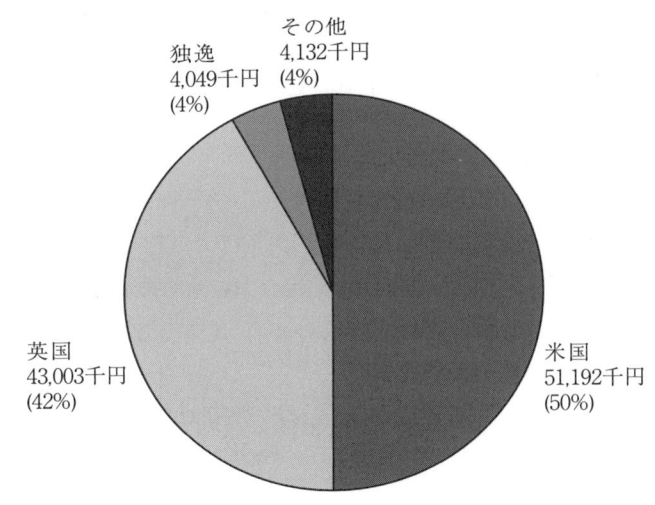

- 独逸　4,049千円（4%）
- その他　4,132千円（4%）
- 英国　43,003千円（42%）
- 米国　51,192千円（50%）

出所）『東京日日新聞』1931年10月11日より作成。

表2－5．第二次大戦前における英国企業の対日投資

投資者	投資年	投資額	在日事業の担い手とその資本金	日本側パートナー	子会社の立地	事業内容
J. & P. Coats and Co.	1907年	180万円 [60%]	帝国製糸㈱、300万円（150万円払込）	村井吉兵衛	本社；京都 工場：大阪	カタン糸製造卸
Nobel Dynamite Trust	1905年	8万ポンド（80万円）[80%]	The Japan Explosives 会社日本支社、10万ポンド（100万円）	なし	支社：平塚	火薬製造
Armstrong & Whitworth	1905年	2万ポンド（20万円）[20%]	The Japan Explosives 会社日本支社、10万ポンド（100万円）	なし	支社：平塚	火薬製造
Lever & Brothers Ltd.	1910年	150万円 [100%]	Lever Brothers Co. 日本支社	なし	工場：尼崎	石鹸、グリセリンなどの製造
Morgan Crucible	1930年	1.2万円 [99%]	n.a.	なし	工場：大阪	カーボン製品加工
Samuel Samuel	1900年	25万円	Rising Sun 石油	なし	本社：横浜	石油精製
Ingram Rubber Co.	1908年	20万円 [100%]	日本イングラムゴム製造㈱、20万円	なし	工場：神戸	人力車用ソリッドタイヤ製造
Dunlop Rubber	1909年	8.1万ポンド（81万円）[100%]	The Dunlop Rubber Co. (Far East) Ltd. 日本支社、8.1万ポンド（81万円）	なし	支社・工場：神戸	自転車用空気入りタイヤ製造
Armstrong & Whitworth	1907年	250万円 [25%]	㈱日本製鋼所、1,000万円（公称）	北海道炭礦汽船	本社・工場：室蘭	軍艦用鋳鍛工品の製造
Vickers Sons and Maxim	1907年	250万円（公称額）[25%]	㈱日本製鋼所、1,000万円（公称）	北海道炭礦汽船	本社・工場：室蘭	軍艦用鋳鍛工品の製造
Babcock and Wilcox Ltd.	1908年	7.3万円 [100%]	禅馬ウォルクス㈱、7.3万円（全額払込済）	なし	本社・工場：横浜	水管式汽罐組立
British Columbia Co.	1927年	24,800株 [59%]	㈱日本蓄音機商会、42,000株	在日米国人ゲアリーら	本社：東京 工場：川崎	蓄音機、レコード盤の製造・販売
Victor Talking machine Co.	1927年	200万円 [100%]	日本ビクター蓄音機㈱、200万円	なし	本社・工場：横浜	蓄音機、レコード盤の製造・販売

出所）桑原哲也（2001）「グローバル企業の対日投資――回顧と展望――」『ビジネスインサイト』（現代経営学研究学会），第9巻第1号，pp.44-47.より一部抜き出し，加筆した。一部修正した。

居留地制度の廃止と鉱工業分野における対日ビジネスの本格化

　居留地制度の廃止は、外国企業の対日ビジネスを刺激した。まず、1900年にサミュエル商会が、ライジングサン石油を設立した。サミュエル商会は1892年にタンカー船による灯油の輸送を実現し、日本国内への供給を行っていた貿易商社である。居留地貿易体制下の時代、同商会は外国人による日本国内でのビジネスが禁じられていたことから、国内の代理店・問屋に灯油の一手販売権を与え、市場へ商品を供給していた。しかし、そのために国内の流通支配権を代理店・問屋に握られていた。

　そこで、居留地制度が廃止されるとすぐに、サミュエル商会は国内流通網の整備に乗り出した。同商会は、新規に設立したライジングサン石油に灯油部門を譲渡した。そして、これまでに代理店・問屋へ与えていた灯油の一手販売権を廃止し、新たに各府県に指定販売人を指名した。サミュエル商会はこれら販売店に灯油を供給した[60]。

　やがて、ライジングサン石油（1907年より、ロイヤル・ダッチ＝シェルグループのグループ企業）は、スタンダード・オイルとともに、石油輸入における支配的な地位を築いた[61]。ライジングサン石油による対日ビジネスの詳細については、第3章に譲ることにする。

　1907年には、ボイラー製造企業のバブコック・アンド・ウィルコックス（以下、英国Ｂ＆Ｗ）が、横浜にあった現地販売代理店を買収し、対日ビジネスを本格化させた。日本市場において、同社は自社販売網を用いるほか、国内商社を通じて製品を供給した。特に、同社は三井物産との取引を重視し、ほとんど一手販売のような関係であった[62]。

　また、1907年にはボイラーの円滑な納入を実現するために、ボイラーの管理を主たる業務とする第一機関汽罐保険会社を設立した。さらに1908年には、横浜市磯子にあった禅馬ウォルクスを買収し、これを同社製品の修理・部品製作工場とした。

　このようなビジネス活動の展開により、英国Ｂ＆Ｗは日本市場におけるファースト・ムーバーとしての地位を築いた。後年、三菱造船所、田熊汽缶製造、日立製作所といった日系企業が台頭するが、これら企業から市場

を防衛することに成功した[63]。英国Ｂ＆Ｗの対日ビジネスの詳細については、第4章に譲ることにする。

1909年には、ゴム・タイヤ製造企業のダンロップも対日ビジネスを試みた。まず、ダンロップは英国領・香港にダンロップ護謨（極東）を設立し、続いて神戸に日本支店を開設した。この日本支店は、1917年に日本法人のダンロップ護謨（極東）となった。当初、ダンロップは日本への投資に消極的で、技術を供与するにとどまった。しかし、市場での成功を確信すると、直接投資へと参入モードを変更した。

ダンロップは国内における自動車市場の拡大と大戦景気を背景に事業を拡大し、独占的な地位を築くことに成功した。横浜護謨、ブリヂストンといったライバル企業が台頭する1930年代まで、競争優位を保ち続けた[64]。ダンロップの対日ビジネスに関する詳細は、第5章に譲ることにする。

1910年には、石鹸製造会社のリーバ・ブラザーズ（現在のユニリーバ）も、現地生産に乗り出した。リーバ・ブラザーズは尼崎に55,000坪の土地を取得し、工場を建設した。同社の完全所有子会社（資本金150万円）であった。

工場には英国本国から最新鋭の機械設備が持ち込まれた。石鹸、硬化油、グリセリンといった油脂製品の生産設備は、規模、技術レベルともに国内の同業他社を圧倒した[65]。

しかし、操業から2〜3年をピークに、同社の経営状況は悪化した。第一次大戦（1914〜19年）前後の約10年間は、本国から輸入したグリセリンを販売し、工場経費を賄うような状況であった。結局、本国本社の経営不振もあり、1925年に同社は日本市場から撤退した[66]。現地経営は比較的に短命に終わった。リーバ・ブラザーズの対日ビジネスに関する詳細は、第6章に譲ることにする。

このほか、1928年には、日本蓄音器商会が英国のコロムビア・グラマホンと資本および技術の提携交渉を行い、日英米合弁の日本コロムビア蓄音器商会を設立した。ただ、この提携関係は7年後の1935年には解消された。満州事変の勃発が日本からの撤退を決断させる要因のひとつとなった[67]。その後、現地子会社は日産コンツェルンの傘下企業となっている。

第2章　第二次大戦前における英国企業の日本進出

日英関係の深化と軍需産業

　日英同盟の締結（1902年）は、企業間の交流を促した。1905年、軍需産業のノーベルズ・エクスプローシブ、チルワース・ガンパウダー、アームストロング・ウィットワースの3社が共同で出資し、日本爆発物製造を設立した[68]。神奈川県・平塚に拠点を構えた同社は、海軍省を主たる顧客とした。その後1908年に、同社は海軍省に買い取られ、海軍火薬廠となっている[69]。

　1907年には、アームストロング・ウィットワースとヴィッカースの2社が北海道炭礦汽船との合弁で、日本製鋼所を設立した。北海道炭礦汽船は鉄道国有化法（1906年）の制定により、事業を継続できなくなっていた。そこで、同社はその売却資金を元手に製鉄業への進出を企てていた。これに対し、日本政府および日本海軍は銑鉄の生産のみならず、大砲、高級鋼材の生産も同社に要請した。

　しかし、日本国内にはこれら技術レベルの高い鉄を生産できるだけの設備やノウハウがなかった。そこで日本海軍は、同盟国である英国のアームストロング・ウィットワースとヴィッカースの2社に経営参加を求めたのである。

　アームストロング・ウィットワースおよびヴィッカースは、鉄鋼、船舶、装甲板、大砲などを製造する垂直統合型の企業であった。両社は英国国内では競合関係にあったが、海外市場においては協調路線をとっていた[70]。そこで、日本側の要請を受け、両社は協調体制による進出を決定した。

　日本製鋼所への資本参加を決めた英国企業2社は、第一次大戦期までに、大砲および原料鋼材の技術移転を進めた。日本製鋼所の経営は大戦景気を迎えた頃から好転し、1914年から配当を実現した。配当は1914年に1％、1915年に2.5％、1916年に6.5％、1917年に12.5％を記録している[71]。

現地企業によるキャッチアップとその対応

　1907年、世界最大のカタン糸メーカーであったJ.＆P.コーツも対日投資を試みた。同社は1830年に設立された企業である。6本の単糸を撚り合

わせて作る6コードカタン糸の生産に成功し、その名が知られていた。高品質な綿カタン糸を生産し、そのブランドを構築した。同社は1896年までに英国国内のライバル企業を合併し、大規模企業へと発展を遂げた。同社の国際ビジネスは、ミシンの世界的な普及とともに拡大した[72]。

　J．＆P．コーツにとって、海外市場は成長戦略において重要なものであった。1900年に、J．＆P．コーツ英国本社の販売額は414万ポンドに達したが、そのうちの81％が海外輸出によるものであった。

　また、同社は海外生産も積極的に行っていた。1869年から1913年の間に、J．＆P．コーツが海外直接投資を行った国は15カ国、53社となった。そのなかでも米国子会社の成長が著しく、1900年時点での販売額は598万ポンドとなった。英国本国を上回る事業規模となった。1912年までに、J．＆P．コーツは株式評価額において、世界最大の繊維会社となった[73]。

　日本市場に対しても、J．＆P．コーツは早い時期より代理店を通じて製品を供給していた。日本においては軍服の生産拡大とともにカタン糸の需要が増加しており、魅力的な市場となっていた。

　ただ、市場が拡大するなかで、日本国内から輸入代替の機会を伺い、新規に参入する企業も現れた。これら新規参入企業のなかには、J．＆P．コーツ製品の模倣品をつくる企業もあった。J．＆P．コーツは、粗悪な模倣品への対応に苦慮したようである。

　そうしたなかで、J．＆P．コーツに対して国内有力メーカーのひとつであった村井カタン糸から、事業合弁化の申し出がなされた。村井カタン糸はアメリカン・タバコとの合弁事業で成功をおさめた村井吉兵衞が、経営危機にあった大阪カタン糸を買収し、設立した企業である[74]。

　しかし、村井の手に渡った後も経営状況は好転せず、事業再建の道を模索していた。村井カタン糸からの要請を受けて、J．＆P．コーツは対日投資を決断し、1907年に合弁企業・帝国製糸を設立した。資本金300万円のうち、J．＆P．コーツがそのうちの60％を、村井カタン糸が残りの40％を出資した。同社工場は京都と大阪に置かれ、総従業員数642名という規模であった[75]。

第2章　第二次大戦前における英国企業の日本進出

　J.＆P.コーツは品質を維持するために、原糸を英国から輸入調達するほか、カタン糸を巻き取る鞘の調達体制の整備、卸売段階に至る販売体制の再構築を試みた。やがて、帝国製糸は日本国内の競合他社を圧倒し、独占的な地位を築くまでになった[76]。

ライセンシングによる市場参入

　1910年代後半からは、現地生産のほかに、ライセンシングによる企業の進出もみられた。例えばディッカー[77]は、1917年に石川島造船所に対し、車両用電機機器の製作販売権を与えた。この契約をもとに、1918年に東洋電機製造（資本金300万円）が設立された。同社は横浜に約8,000坪の土地を購入し、そこに工場を建設した。

　ディッカーは東洋電機製造から現金10万円を受け取るほか、半期ごとに製造した電機機器に対する一定の実施料を受け取った。ディッカーは本国から技師を派遣するほか、本国工場に日本人技師を受け入れるなどして、技術移転に努めた。同社と東洋電機製造との提携関係は、1938年に第二次契約が満了するまで、約20年間続いた[78]。

　1918年には、ウーズレー・モータースが石川島造船所に対し、自動車の製造権と東アジアにおける販売独占権を与えた[79]。ウーズレー・モータースは技術供与の見返りとして、石川島造船から製造・販売使用料8万ポンドを10年分割で受け取ることになった[80]。

　ところが、ウーズレー・モータースの乗用車は、設計や生産方法の問題から、フォードやGMといった米国の自動車メーカーと競争できる水準になかった。そのため、石川島造船所は乗用車生産を断念し、補助金が得られるトラックの生産に移行した。一方で、石川島造船所はウーズレー・モータースに対し、使用料の減額交渉を行った。さらに1927年には、ライセンス契約の破棄交渉を行い、同社との関係を断った[81]。

　このように、1890年代から1910年代にかけて、日英間の政治・経済的な近接がみられた。これを背景に、鉱工業分野における英国多国籍企業の対日投資も本格化した。英国企業は現地企業に対して圧倒的な競争力、経営

資源を有していた。これら企業はリーバ・ブラザーズなど一部の事例を除き、おおむね順調に現地経営を展開することができた。ファースト・ムーバーとしての地位を築くことに成功した英国企業は、寡占的・独占的な市場のなかで利益を享受した。

3．対立関係下の英国企業

協調関係の終焉と対日ビジネス

　1920年代後半、世界経済に変化が生じた。1929年、世界大恐慌が発生し、各国で経済危機が起こった。1931年には、英国が金本位制を放棄し、地域通貨ブロックを形成するようになった[82]。英国によって保たれた平和な時代、いわゆるパックス・ブリタニカ体制が崩壊した[83]。

　各国においてはナショナリズムが高揚し、外国資本企業に対して排他的な政策が実施された[84]。日本においても、石油業法（1934年）、自動車製造事業法（1936年）、機械製造事業法（1938年）、航空機製造法（1938年）などの立法措置が講じられ、直接的に外資の活動が規制された。また、1933年には外国為替管理法が施行され、国際的な資本移動が制約された。

　日英両国の政治・軍事的な関係も転機を迎えた。ワシントン軍縮会議（1922年）により日英同盟が廃止され[85]、両国の結びつきが次第に薄れていった。むしろ、満州事変（1931年）、日中戦争（1937年）の勃発、日独伊三国同盟の締結（1940年）といった一連の事象により、英国との関係に亀裂が生じた[86]。

　経済面においては、英帝国および中国において、英国製品と日本製品が競合するようになった。1930年代初期までに、低価格と効率的な販売方法を武器に、日本の綿織物が英国の市場を奪いはじめたのである[87]。アジアにおける英国製品のシェアは1860年代に33％に達したが、その後は減少に転じ、1880年に同比率は21％となった。このシェアは第一次大戦勃発の頃までは維持されたが、それ以降は急速に低下した。そして1930年代になると、英国はインド、中国、日本に対して貿易赤字を計上した[88]。

英国とは対照的に、日本経済は発展を遂げ、次第にアジアにおける存在を高めた。インドや中国といった、かつて英国企業が支配した地域へ市場を求めたことから、日英両国の利害が対立するようになった。英国は通貨ブロックの形成により、日本製品を市場から締め出そうとした。

日本国内市場においては、現地子会社と日本企業との競争が激化した。日本企業は大きく分けてふたつの方法により、英国企業が支配する市場への参入を試みた。ひとつは、ファースト・ムーバーに匹敵する規模での技術・資本の導入である。日本企業は先発国の開発した技術・資本を導入することで、急速な成長を遂げることができた。いわゆる「ガーシェンクロン・モデル」に見られるような、後発国企業のキャッチアップである[89]。

もうひとつは、異なる価値基準を市場に導入し、革新的な製品・サービスにより、先行企業への競争に臨もうとする企業である。クリステンセンの「破壊的イノベーター」と呼ばれるものが、このタイプの企業であった[90]。このような企業の参入により、英国企業の日本市場における寡占的・独占的な地位が崩れていった。

そして1941年末、ついに対英米宣戦布告がなされ、太平洋戦争が勃発した。英国は対日資産の封鎖を決定した。日本政府もまた支配下にある諸地域において、対英資産を封鎖した[91]。こうして、日英間の経済交流が一時的に途絶えた。

ただ、このような状況にあっても、企業は環境変化に対応するために、さまざまな意思決定を下した。その意思決定は、その後の現地経営の継続と成果に大きな影響を与えた。以下、これら企業の歴史を振り返ることにしよう。

日本市場における競争力の低下

日英同盟の破棄による政治・軍事的な関係の変化は、軍需産業に大きな影響を与えた。合弁企業・日本製鋼所の経営に携わっていたヴィッカース・アームストロング[92]は、次第に日本における現地経営への関心を失っていた。この時、同社は第一次大戦中にヨーロッパが主戦場となったこと、

日本側が求めていた技術移転がある程度達成されたこと、合弁企業での発言力が低下したことなどから、日本製鋼所の株式売却を検討しはじめた[93]。
　この動きは日英関係の悪化を境に決定的なものとなった。1930年代になると、ヴィッカース・アームストロングは日本側との間に株式売却交渉を行い、合意に至った。ところが、日本政府が為替管理を強化したことから、本国への送金が不可能となった[94]。そのため、株式売却事案の解決は戦後まで持ち越された。最終的にヴィッカース・アームストロングは、1953年に接収資産の回復請求権を放棄し、日本市場から撤退した[95]。
　英国企業のなかには現地企業の追随を受け、苦境に立たされるものもあった。J．＆P．コーツは、東洋紡績、鐘淵紡績、富士紡績などの大規模な紡績企業が多角化の一環としてカタン糸産業に参入してきたことから、競争圧力にさらされた。J．＆P．コーツは、現地子会社・帝国製糸の原糸工場を日本国内に建設するほか、これまで輸入していた高級カタン糸を現地生産に切り替えるなどして、競合企業から市場を守ろうとした[96]。
　しかし、それでもライバル企業の成長に比べ、帝国製糸の業績は伸び悩んだ。帝国製糸のシェアは33％に低下し、市場支配力を失った。この間、J．＆P．コーツは富士紡績との関係強化を図り、競争力の向上を図った。富士紡績はカタン糸用の高品質綿糸を生産する能力を有していた。
　1939年、帝国製糸は村井が所有していた株式の一部（12.5％）を、さらに1941年には村井の持ち分すべて（27.5％）を富士紡績に譲渡し、パートナーを組み換えた。だが、外資に対する規制が次第に高まり、外国人資産の接収が行われたことから事業は中断された。J．＆P．コーツは一時的に日本市場から撤退した[97]。
　戦後、J．＆P．コーツの経営権は1949年に復活した。現地子会社、帝国製糸の業績は1960年代まで順調に推移することになるが、戦前のような支配的な地位を回復するまでには至らなかった。さらに、1960年代に合成繊維のミシン糸が開発され、綿カタン糸に代替し始めると、J．＆P．コーツの経営は不振に陥った。ついに1973年、J．＆P．コーツは株式の持ち分を富士紡績に売却し、日本市場から撤退した[98]。

ダンロップもまた、現地市場における競合企業の台頭により、市場を奪われた。1930年代になると、米国のB.F.グッドリッチと古河系の横浜電線製造が合弁で横浜護謨を設立し、国内でのタイヤ生産を本格化させた。また、日本足袋の石橋正二郎率いるブリヂストンも、市場に参入した。横浜護謨、ブリヂストンの成長は著しく、やがて市場は3社による支配体制となった。ダンロップによる市場支配の時代に終わりをつげた。これら企業はたびたび価格協定を行うなどして競争の回避を試みたが、その企ては失敗に終わった。

　戦局の悪化とともに外資排除の動きが強まると、外資100％であったダンロップは不利な経営状況に置かれた。軍部への製品納入禁止や、原材料の配給統制といった制約が課せられるようになったのである。ダンロップはこの状況を回避するために、海軍の退役軍人を経営陣に招いた。また、大倉組をはじめとする現地企業との事業合弁化の道を模索した。しかし、これらの試みは失敗に終わった。結局、ダンロップもまた敵性財産支配法人とみなされ、接収された[99]。

　ダンロップの在日資産は1949年に返還された。だが、戦時経済下で失った市場を回復することは難しく、かつての勢いを取り戻すことはできなかった。そこで、ダンロップは1960年に住友電工の資本参加を仰ぎ、自らはダンロップ護謨（極東）への出資比率を下げていった。1963年には、ダンロップの出資比率は43.75％まで低下し、住友へ経営権を譲った。

ナショナリズムの高揚と企業活動

　外国企業を取り巻く環境が厳しくなるなかにあっても、比較的に高い業績を維持する企業もあった。例えば、ロイヤル・ダッチ＝シェルグループのライジングサン石油は石油業法の制定（1934年）などにより、政府からビジネス活動を規制された。しかし、同社は原油資源を抑えていたこと、国内の流通網を支配していたことなどから、競争力を維持した[100]。国内から三井物産、三菱商事といった財閥系企業も石油市場への参入を試みたが、ライジングサン石油はこれら企業に対して徹底した価格攻勢を仕掛け、

その成長を阻んだ[101]。同社は1941年までに、外資系企業のなかでも最大の資産を保有する企業へと成長した[102]。

ただ、同社も他の英国企業と同様に、敵産管理法の適用を受け、一時的に現地経営を中断した。戦後は1949年に在日資産が返還され、事業活動を再開した。在日子会社は現在（2009年時点）でも、昭和シェルとして現地経営を継続している。

英国Ｂ＆Ｗは現地企業との事業合弁化によって、外資に対する圧力を回避することを試みた。同社は密接な取引関係にあった三井物産と交渉を進め、1928年、合弁企業・東洋バブコックを設立するに至った。東洋バブコックの資本金175万円のうち、60％を英国Ｂ＆Ｗが、40％を三井物産が出資した。このような試みの結果、外資排除の動きが高まるなかにあっても、東洋バブコックは依然として国内市場シェアの6割から7割を維持した。また、ボイラー以外にも下水浄化装置、鉱山機械、化学機械などを製造・販売し、業績を維持した。

だが、やがて外国為替管理法の強化により輸入規制が課せられるようになると、ボイラーの輸入が困難になった。さらに、日英間で戦端が開かれると、東洋バブコックもまた敵性財産支配会社とみなされるようになった。そして1941年、同社も日本政府に接収された[103]。

英国Ｂ＆Ｗの経営権は1950年に回復した。この時、同社は日立製作所と技術・資本提携を結び、現地経営を展開することを選択した。1953年に日立製作所との合弁でバブコック日立を設立した。しかし、英国Ｂ＆Ｗは次第に出資比率を下げ、現地経営の主導権を日立製作所に譲った。1987年には、英国Ｂ＆Ｗはバブコック日立の株式持分のすべてを日立製作所に譲渡し、日本市場から撤退した。

このように、英国企業はナショナリズムの台頭、反グローバル的な動きの高まりとともに、現地経営に苦慮するようになった。多くの企業が現地企業によるキャッチアップを許した。しかし、このような特殊な事情にあっても、事業合弁化などにより現地に存在する外部組織とのネットワークの組み換えや関係強化に成功した企業は、その後の現地経営を有利に展開す

第2章　第二次大戦前における英国企業の日本進出

ることができた。

　最後に、表2－6は、1941年時点での在日連合国人の資産（鉱工業分野における上位20社）を、一覧にしたものである。ライジングサン石油、東

表2－6．資産凍結当時における在日連合国人
**　　　　（米、英、インド、オランダ）資産状態（鉱工業分野上位15社）**

順 位	企　業　名	資産総額（円）
1	ライジングサン石油（英）	59,435,064
2	スタンダード・オイル（米）	28,196,078
3	日本フォード自動車（米）	19,794,526
4	日本ゼネラルモーターズ（米）	13,045,052
5	東洋バブコック（英）	12,597,738
6	日本ダンロップゴム（英）	10,391,808
7	シンガー・ソーイング・マシン（米）	9,989,968
8	帝国製糸（英）	6,844,162
9	日本金銭登録機（米）	5,007,077
10	東洋オーチスエレベーター（米）	2,914,392
11	日本ワットソン統計会計機会（米）	1,984,987
12	東洋紙袋（米）	1,636,126
13	佐久間工業（米）	1,256,779
14	コダック・ジャパン（米）	934,622
15	ベーカー白金（米）	505,720
16	ウィルキンソンタンサン（英）	461,448
17	グリンネルスプリンクラー（英）	310,124
18	中外舎密工場（英）	289,481
19	モーガンナイト・カーボン（英）	268,481
20	万国塗料製造所（英）	264,637

出所）大蔵省編（1969）『第二次大戦における連合国財産処理（資料編）』、
　　　pp.317-319.より作成した。
　注）日本金銭登録機（米）の資産額は、日本ナショナル金銭登録機販売の資産
　　　も含む。ライジングサン石油（英）の資産額は、帝国船舶の資産も含む。

45

洋バブコック、日本ダンロップゴム、帝国製糸といった英国企業が上位10社以内にランクされている。大規模な事業活動が展開されていた様子を窺い知ることができる。このほかにも、ウィルキンソンタンサン、グリンネルスプリンクラー、中外舎密工場、モーガンナイト・カーボン、万国塗料製造所などが上位20位以内にランクされている。

　次章以下では、これら企業のなかからサミュエル商会（ライジングサン石油）、英国B＆W（東洋バブコック）、ダンロップ（ダンロップ護謨（極東））、そして一覧表に掲載されてないが、大きなインパクトを与えた企業のひとつとして、リーバ・ブラザーズ（現在のユニリーバ）の事例を取り上げ、現地経営の内容に迫ることにする。

要　約

　以上、本章では幕末開国から第二次大戦に至る、英国企業の対日ビジネスの歴史を振り返ってきた。大まかに、居留地貿易体制下の時代、協調体制下の時代、対立関係下の時代の３つに区分し、時系列的に企業活動の歴史を振り返った。最後に、本章で明らかになった点をとりまとめ、結語としたい。

　まず、居留地貿易体制下の時代には、排外的な政策が実施されたほか、国民のなかに攘夷の思想が残っていたことから、日本は外国資本企業にとってリスクをともなう市場であった。しかし、それでも商社や銀行といった貿易関連企業を中心に、欧米企業の進出がみられた。なかでも英国企業は積極的に対日ビジネスを展開した。大小さまざまな貿易商社が日本に進出し、多様なビジネス活動を展開した。これら商社のなかには、鉱工業分野への進出を試みたものもあった。ただ、その多くは政府や民間企業に権利を回収された。

　一方で、金融分野においては、日本の近代的な金融制度の確立など、さまざまな局面に英国企業が関与した。金融分野においては、香港上海銀行やチャータード・バンクのように、現在（2009年時点）でも現地経営を継

第2章　第二次大戦前における英国企業の日本進出

続しているものもある。

　協調体制下の時代には、鉱工業分野を中心に、英国企業の直接投資が生じた。居留地制度の廃止、金本位制の確立、鉱業条例の改正などにより、対日投資環境が整えられた。日本の政財界は外国資本企業を積極的に誘致した。ライセンシングや直接投資といった形で、英米を中心とする外国資本企業の日本進出がみられた。

　一部の企業を除き、この時期に日本進出を果たした英国企業の多くは比較的に高い経営成果を残すことができた。ロイヤル・ダッチ＝シェルグループ、英国B&W、ダンロップ、J.&P.コーツなどは、独占的・寡占的市場を形成することに成功した。

　しかし、対立関係下の時代になると、英国企業の対日ビジネスに変化が生じた。石油業法、自動車製造事業法、機械製造事業法、航空機製造法などの立法措置が講じられ、外国資本企業の活動が制約されるようになった。また、この時期に国内企業の台頭がみられ、英国企業は厳しい競争にさらされた。ダンロップ、J.&P.コーツなどは独占的な地位を失った。一方で、英国B&W、ロイヤル・ダッチ＝シェルグループなどは情勢の変化に上手く対応し、業績を保つことに成功した。やがて、日英間で戦端が開かれると、これら企業の活動は一時的に中断されるが、戦時体制下での対応がその後の現地経営に重要な意味を持った。

注）
1）ジョーンズは国際ビジネスの成長と構造に影響を与えた5つの外部要因として、マクロ経済の状況、外国企業に対する受容性の度合い、資本自由化の度合い、保護主義貿易、輸送・通信技術を上げている。これら5つの要因の相互作用により、国際ビジネス環境が変化したと考えている。Jones, Geoffrey. (1995) *The Evolution of International Business An Introduction*, International Thomson Business Press, pp. 23-25.（桑原哲也，安室憲一，川辺信雄，榎本悟，梅野巨利訳『国際ビジネスの進化』有斐閣，1998年，pp. 27-29.）
　　本研究でも、このような5つの要因に注意を払いながら、日英をめぐる国際ビジネス環境の変化をみていく。

2）詳細については、杉山伸也，ジャネット・ハンター（2001）「日英経済関係史 1600−2000年」杉山伸也，ジャネット・ハンター編『日英交流史 1600−2000 経済』東京大学出版会，pp.2-4. を参照されたい。なお、アダムスは1620年に平戸で没しており、帰国の夢を果たせなかった。
3）東インド会社は1600年に英国女王・エリザベス一世より、東インドにおける交易独占権を得て設立された特許会社である。植民地経営に従事するなど、その役割は多岐にわたっていた。詳細については、浜渦哲雄（2001）『世界最強の商社――イギリス東インド会社のコーポレートガバナンス――』日本経済評論. を参照されたい。

　　なお、東インド会社は、「多国籍企業の先駆形態」とみなされている。Jones Geoffrey. (2005) *Multinationals and Global Capitalism from Nineteenth to the Twenty First Century*, Oxford University Press, pp. 17-18.（安室憲一，梅野巨利訳『国際経営講義』有斐閣，2007年，p.24.）
4）平戸英国商館の閉鎖理由については諸説あるが、杉山伸也，ジャネット・ハンターによれば、「1623年のアンボイナ事件以降、英蘭関係は従来の協調関係から対立関係に変化し、それにともなって東南アジア地域において英国東インド会社はオランダの軍事的・通商的な支援をうけることができなくなったことが背景にあると思われる」という。詳細については、杉山伸也，ジャネット・ハンター，前掲書，p.3. を参照されたい。
5）東インド会社はその後何度か対日貿易の再開を試みたが、幕府はこれを拒み続けた。
6）英国は1660年には砂糖、煙草、藍といった植民地の特産物を英国以外の国に直接に輸出することを禁じた。また、1663年には植民地の輸入も英国船に限定した。
7）ただし、すでに操業している工場での生産は認められた。
8）熊谷次郎（2004）「自由貿易帝国主義とイギリス産業」秋田茂編『パックスブリタニカとイギリス帝国』ミネルヴァ書房，pp.24-26.

　　なお、米国は独立戦争（1775〜83年）を経て、1783年に英国から独立した。
9）Jones, Geoffrey. (2005), *op, cit.*, pp. 18.（邦訳：p.24.）
10）熊谷次郎，前掲書，p.26.
11）老川慶喜（1998）「日本の近代化と東アジア」老川慶喜，小笠原茂，中島俊克編『経済史』東京堂出版，p.94.
12）自由貿易主義の流れに大きな影響を与えたものが、アダム・スミスの著書『国富論』であった。詳細については、Smith, Adam (1776) *An Inquiry into the Nature and Causes of the Wealth of Nations.*（山岡洋一訳『国富論（上）（下）』日本経済新聞出版社，2007年）を参照されたい。

13) 熊谷次郎，前掲書，pp. 26-29.
14) Jones, Geoffrey. (2005), *op. cit.*, pp. 193-195. (邦訳：p. 272.)
    ただし、英国貿易商社のすべてが、英国経済に根ざしていたわけではなかった。英国植民地のうちの特定の国に本拠地をおき、そこを拠点に、その国や英国以外の第三国との取引を主たる業務とするものも少なくはなかった。このような、いわゆるフリー・スタンディング型の貿易商社も、存在していた。詳細については、吉原英樹（1987）「国際的にみた総合商社の経営史」『国民経済雑誌』（神戸大学）第156巻第6号，p. 114. を参照されたい。
15) Jones, Geoffrey. (2005), *op. cit.*, p. 25. (邦訳：p. 32.)
16) Headrick D. R. (1981) *The Tools of Empire: Technology and European Imperialism in the Ivineteenth Century,* Oxford University Press, pp. 161-162.（原田勝正，多田博一，老川慶喜訳『帝国の手先』日本経済評論社，1989年，p. 195.）
17) 安部悦生（1997）「イギリス企業の戦略と組織」安部悦生，岡山礼子，岩内亮一，湯沢威『イギリス企業経営の歴史的展開』勁草書房，pp. 58-60.
18) Jones Geoffrey. (2005), *op. cit.*, pp. 24-25. (邦訳：p. 31.)
19) 杉山伸也，ジャネット・ハンター，前掲書，pp. 11-12.
    なお、一般的に、欧米諸国とアジア諸国で結ばれた通商条約では、外国人の国内通商権が認められていた。しかし、日本はこれを認めなかった。
20) 杉山伸也，ジャネット・ハンター，前掲書，p. 9.
21) 阿部武司（1998）「近代経営の形成――明治前・中期の日本経済――」宮本又郎，宇田川勝，橘川武郎，阿部武司『日本経営史――日本型企業経営の発展・江戸から平成へ』有斐閣，p. 139.
22) 日本人の手によって設立された貿易商社には、1873年に大倉喜八郎によって設立された大倉組商会、1876年に益田孝によって設立された三井物産会社、1880年に有力製糸家よって設立された同伸会社、1881年に高田慎蔵らよって設立された高田商会、1887年に大阪綿花商よって設立された内外綿会社、1892年に有力紡績会社よって設立された日本綿花会社などがあった。1911年には、日系貿易商社が貿易に占める割合は推定で52.5％に達した。石井寛治（2001）「貿易と金融における日英対抗」杉山伸也，ジャネット・ハンター編『日英交流史 1600-2000 経済』東京大学出版会，pp. 121-122.
23) 杉山伸也（1993）『明治維新とイギリス商人：トマス・グラバーの生涯』岩波書店，pp. 29-30.
24) 石井寛治（1984）『近代日本とイギリス資本』東京大学出版会，p. 15.
25) 立脇和夫（1987）『在日外国銀行史』日本経済評論社，p. 116.
26) 石井寛治（1984），前掲書，p. 155.
27) 石井寛治（1984），前掲書，p. 31.

28) 橋本寿朗，大杉由香（2000）『近代日本経済史』岩波書店，p.36.
29) 杉山伸也，前掲書，pp.50-54.
30) 杉山伸也，前掲書，pp.72-74.
31) 杉山伸也，前掲書，p.104.
32) グラバーは薩摩藩留学生の英国への渡航支援も行っていた。この時の留学生のメンバーが寺島宗則、五代友厚、森有礼らであった。
33) 杉山伸也，前掲書，p.182.
34) 杉山伸也，前掲書，pp.133-135.
35) 堀江保蔵（1950）『外資輸入の回顧と展望』有斐閣，p.12.
36) 杉山伸也，前掲書，pp.161-162.
37) 杉山伸也，ジャネット・ハンター，前掲書，pp.29-30.
38) 堀江保蔵，前掲書，p.24.
39) 堀江保蔵，前掲書，p.20.天野健次（1983）「神戸居留地と在留外国人」『歴史と神戸』（神戸史学会）第22巻第2号，pp.7-8.
40) その後、同社は1936年に日立製作所の経営となっている。さらに1943年には、日立造船と社名を改めている。日立造船株式会社（1985）『日立造船百年史』p.3.ならびに、杉山伸也，ジャネット・ハンター，前掲書，pp.13-14.
41) 桑原哲也（2001）「グローバル企業の対日投資——回顧と展望——」『ビジネスインサイト』（現代経営学研究学会）第9巻第1号，p.43.
42) なお、外国銀行の代理店の多くは外国商社の兼営業務であった。詳細については、立脇和夫（2002）『在日外国銀行百年史』日本経済評論社，p.3. を参照されたい。
43) 立脇和夫（1987），前掲書，pp.36-38.
44) 立脇和夫（1987），前掲書，p.237.
　　貨幣鋳造条約は、1874年に大蔵卿・大隈重信が翌年に迎えた有効期限を延長しないことを通告したことから7年ほどで終了した。その背景には、造幣寮における日本人職員とお雇い外国人との対立など、諸問題があったという。立脇和夫（1987），前掲書，pp.257-261.
45) 石井寛治（1983）「銀行創設前後の三井組——危機とその克服——」『三井文庫論叢』（三井文庫）第17号，pp.34-35.
46) 杉山伸也，ジャネット・ハンター，前掲書，p.8.
47) その後、オリエンタル・バンクは残余財産をもとに、新たに新東洋銀行を開設し、横浜支店も再開した。しかし、再出発を図るも業績は振るわず、わずか8年で倒産した。
48) 立脇和夫（1987），前掲書，p.44.
49) ただし、同行は洋銀券（洋銀兌換券）を発行していたことから、明治政府

第 2 章　第二次大戦前における英国企業の日本進出

との関係は良好とはいえなかったという。詳細については、立脇和夫（2002），前掲書，pp.5-6. を参照されたい。
50）立脇和夫（1987），前掲書，pp.55-58.
51）立脇和夫（1987），前掲書，pp.403-404.
52）英国において、工業と金融業は有機的に結合し合うような補完関係にはなかったという指摘もある。詳細については、松永友有（2006）「イギリス型経済システムと産業衰退」横井勝彦編『日英経済史』日本経済評論社. を参照されたい。
53）Jones, Geoffrey. (2005), *op. cit.*, pp.18-19.（邦訳：p.25.）
54）秋田茂（2000）「パクス・ブリタニカの時代」川北稔，木畑洋一編『イギリスの歴史』有斐閣，pp.132-133.
55）堀江保蔵（1954）「日米金融関係」開国百年記念文化事業会編『日米文化交渉史（2）通商産業編』洋々社，pp.397-399.
56）Jones, Geoffrey. (2005), *op. cit*, p.18.（邦訳：p.24.）
57）杉山伸也，ジャネット・ハンター，前掲書，pp.32-33.
58）武藤勲（1959）「ダンロップ五十年の歩み」『ダンロップニュース』p.3.
　なお、桂は桂太郎、青木は青木周蔵、渋沢は渋沢栄一、大倉は大倉喜八郎と思われる。また、ここでの「個々の形での外資導入、技術提携の行なわれたもの」のなかに、ダンロップも含まれている。
59）Wilson Jhon, F. (1995) *British Business History 1720-1994*, Manchester University Press, pp.111-112.（萩本眞一郎訳『英国ビジネスの進化――その実証的研究，1720－1994――』文眞堂，2000年，pp.162-163.）
60）山内昌斗（2007）「英国サミュエル商会のグローバル展開と日本」『経済研究論集』（広島経済大学）第29巻第4号，p.126.
61）Davenport-Hines, R. P. T., and Jones, Geoffrey. (1989) "British business in Japan since 1868" Davenport-Hines R. P. T., and Jones Geoffrey (eds), *British business in Asia since 1860,* Cambridge University Press, p.222.
62）山内昌斗（2003）「英国バブコック・アンド・ウィルコックスの初期の対日投資」『星陵台論集』（神戸商科大学）第36巻第2号，pp.198-199.
63）山内昌斗（2003），前掲書，pp.200-205.
64）井上忠勝（1993）「英国ダンロップ社の日本進出」『経営学研究』（愛知学院大学）第3巻第1・2合併号，pp.9-11.
65）山内昌斗（2002）「英国リーバ・ブラザーズの初期の対日投資1910－1925年」『星陵台論集』（神戸商科大学）第35巻第3号，pp.174-177.
66）山内昌斗（2002），前掲書，pp.177-182.
67）日本蓄音器商会（1940）『日蓄（コロムビア）三十年史』.

68) ノーベルズ・エクスプローシブとチルワース・ガンパウダーの2社はノーベル・ダイナマイト・トラストの傘下企業であった。
69) サイモン・ジェイムス・バイスウェイ（2005）『日本経済と外国資本 1858－1939』刀水書房，pp. 177-178.
70) 奈倉文二（2001）「日本製鋼所のコーポレート・ガヴァナンスと日英関係」杉山伸也，ジャネット・ハンター編『日英交流史 1600－2000 経済』東京大学出版会，pp. 216-217.
　　ヴィッカースはライバルのクルップに対抗するため，アームストロングと共同受注の形を取ることが多かった。受注した場合，実際に受注した企業が他社に利潤の一定割合を支払っていた。例えば，戦艦の船体に対しては2～3％，船体装甲板に対してはトンあたり6～10ポンドが支払われた。詳細については，荒井政治（1981）「イギリスにおける兵器産業の発展――第1次大戦前のヴィッカースを中心に――」『経済論集』（関西大学）第31巻第4号，p. 14. を参照されたい。
71) Clive, Trebilcock (1990) "British Multinationals in Japan, 1900-41: Vickers, Armstrong, Nobel, and the Defense Sector" Yuzawa Takeshi, Udagawa Masaru (eds) *Foreign Business in Japan Before World War II*, Tokyo University Press, p. 100.
72) 桑原哲也（2000）「初期多国籍企業の対日投資――Ｊ.＆Ｐ.コーツ社，1907-49年――」『国民経済雑誌』（神戸大学）第181巻第5号，pp. 72-73. ならびに，桑原哲也（2008）「多国籍企業の対日投資と製品ライフサイクル――Ｊ.＆Ｐ.コーツ社，1907－73年――」『国民経済雑誌』（神戸大学）第198巻第2号，p. 2.
73) 桑原哲也（2000），前掲書，pp. 73-74.
74) 1899年，村井兄弟商会とアメリカン・タバコとの間に資本金500万ドル（1,000万円）の合弁会社が設立されている。アメリカン・タバコは現金200万ドルを出資するほか，日本にある資産を村井に引き渡す形で50％の株式を保有した。まもなく，アメリカン・タバコは村井所有の株式のうちの50万ドル分を買い取り，合弁会社の株式の60％を握るようになった。
　　詳細については，Cox, Howard. (2000) *Global Cigarette: Origins & Evolution British American Tobacco 1880-1945*, Oxford University Press, pp. 39-40.（たばこ総合研究センター訳『グローバル・シガレット』山愛書院，2002年，p. 43.）を参照されたい。
75) 桑原哲也（2000），前掲書，pp. 76-78.
76) 桑原哲也（2000），前掲書，pp. 72-83.
　　参考までに，1925年7月23日に開かれた定時株主総会において，帝国製糸は次のような利益分配案を提示した。法定積立金2,500円，消却積立金2,000

第2章　第二次大戦前における英国企業の日本進出

円、扶助基金1,000円、配当平均準備積立金10,000円、株主配当金（年八朱）10,000円、株主特別配当金（年八朱）10,000円、賞与金5,000円、後期繰越金3,272円2銭。計44,772円2銭。詳細については、帝国製糸株式会社『第四回営業報告』1925年7月23日．を参照されたい。

77) 1920年に社名をイングリッシュ・エレクトリックに改称した。
78) 東洋電機製造株式会社五十年史刊行委員会編（1969）『東洋電機五十年史』pp.4-16.
79) 石川島造船所とウーズレー・モータースの交渉を仲介したものが、ヴィッカースであった。
80) メイドリー・クリストファー（2001）「日本自動車産業の発展と英国——日英企業の技術提携、1918－1964年」杉山伸也、ジャネット・ハンター編『日英交流史　1600－2000　経済』東京大学出版会、pp.251-255.
81) メイドリー・クリストファー，前掲書，pp.255-260.
　なお、ウーズレー・モータースは1926年に破産し、1927年に、ウィリアム・モリスに買収された。また、石川島造船所の自動車部は1929年に独立し、石川島自動車製造所となった。さらに、同社はダット自動車製造や東京瓦斯電気工業との合併を経て、1941年にディーゼル自動車工業と社名を改めた。1949年にはいすゞ自動車と改称し、現在（2009年）に至る。
82) Jones, Geoffrey. (2005), *op. cit.*, pp. 27-28.（邦訳：pp.34-35.）
83) 橋本寿朗，大杉由香，前掲書，pp.157.
84) Jones, Geoffrey. (2005), *op. cit.*, pp. 27-28.（邦訳：pp.36-37.）
85) 日英同盟は1923年に失効した。
86) 日露戦争後より、極東をめぐって日・露対米・英という構図ができあがっていたという指摘もある。詳細については、老川慶喜，前掲書，pp.98-99. を参照されたい。
87) 杉山伸也，ジャネット・ハンター，前掲書，p.50.
88) 安室憲一（1990）「英国企業のアジア進出」『世界経済評論』（世界経済研究協会）第34巻7号，p.40.
89) Gershenkron, Alexander. (1962) *Selection of Essays from Economic Backward in Historical Perspective and Continuity in History & Other Essays,* President and Fellows of Harvard College.（絵所秀紀，雨宮昭彦，峯陽一，鈴木義一訳『後発工業国の経済史』ミネルヴァ書房，2005年）
90) Christensen, Clayton M. (1997) *The Innovator's Dilemma,* Harvard College.（伊豆原弓訳『イノベーションのジレンマ』翔泳社，2000年）
91) 杉山伸也，ジャネット・ハンター，前掲書，pp.56-57.
92) 1928年にヴィッカースとアームストロングが合併した。

93) 奈倉文二（2001），前掲書，pp.225-228. なお、ヴィッカース・アームストロングの歴史については、奈倉文二（1998）『兵器鉄鋼会社の日英関係史――日本製鋼所と英国側株主：1907～52――』日本経済評論社. がさらに詳しい。
94) 奈倉文二（1998），前掲書，pp.271-295.
95) 日本製鋼所（1968）『日本製鋼所社史資料《下巻》』pp.550-551.
96) 桑原哲也（2000），前掲書，p.88.
97) 桑原哲也（2000），前掲書，p.88.
98) 桑原哲也（2000），前掲書，pp.86-87. ならびに、桑原哲也（2008），前掲書，p.14.
99) 井上忠勝，前掲書，pp.10-11.
100) 石油業法については、橘川武郎（1993）「1934年の石油業法の制定過程とロイヤル・ダッチ・シェル」『青山経営論集（季刊）』（青山学院大学）第28巻第2号. を参照されたい。
101) 山内昌斗（2007），前掲書，pp.128-129.
102) 宇田川勝（1987a）「戦前日本の企業経営と外資系企業（上）」『経営志林』（法政大学）第24巻第1号，p.17.
103) 山内昌斗（2003），前掲書，pp.204-207.

第3章
サミュエル商会の対日投資と現地経営

　本章では、貿易商社・サミュエル商会（M. Samuel & Co.）の対日ビジネスの歴史を取り上げたい。

　サミュエル商会は、英国・ロンドンを拠点に、世界各地で商取引を行っていた貿易商社である。古くから東洋貿易に従事しており、日本とも深い関わりを持っていた。同社は石油商品を取扱うなかで、その存在感を高めていった。後に石油事業部門はロイヤル・ダッチ＝シェルグループ（Royal Dutch Shell）の母体企業のひとつとなった。

　多国籍企業としてのロイヤル・ダッチ＝シェルグループの歴史はヒストリアンを魅了し、多数の研究が蓄積されてきた[1]。しかし、それら研究の多くは石油企業としての歴史が主たるものであった。貿易商社としてのビジネス活動、特に日本におけるビジネス活動に関する歴史研究は手薄となっている。19世紀の多国籍企業の生成・発展に関する研究を進めるためにも、この歴史的な空白を埋める必要があるだろう。

　そこで本章では、サミュエル商会の対日投資の動機とは何か。日本における事業は如何なる目的のもとで、どのように展開されたのか。現地経営のどのような点に、成功と失敗のポイントがあったのか。以上のような疑問に対し、経営史的な視点からの考察を試みる。

1．英国サミュエル商会の成立および発展

企業家サミュエルの誕生

　サミュエル商会の歴史を振り返るときに、忘れてはならない人物のひとりがサミュエル（Samuel, M.）である。彼は1853年に、ロンドンのユダヤ

系家庭に生まれた。11人兄弟のうちの下から2番目の子であった。彼の一家は、1834年よりロンドンで小さな店を営んでいた。この店では、骨董品や古美術品を販売していた。

また、これら商品のほかにも、店では貝細工を扱っていた。ロンドンに寄港する船乗りから東洋産の珍しい貝殻を購入し、それを装飾品に加工し、販売していたのである。サミュエル商会は、デザイナー、クリーナーなど、およそ40名の女性従業員を雇い、これらの商品を作っていた[2]。このような家業により、サミュエル家は中流階級程度の生活を営むことができたようである[3]。

やがて、英国政府によって自由貿易政策が推進されるようになると、一家のビジネスは急成長を遂げた。当時、世界貿易が急速に拡大していた。推定ではあるが、貿易額は1850年には8億ポンドであったものが、1860年に14.5億ポンド、1872～73年に29億ポンド、1895～99年に39億ポンドとなった[4]。

この間、多くの貿易商人たちが海外の新興市場を目指した。英国商人たちは、英国工業製品の市場開拓に努めた。1860年に、英国は世界貿易の26％を占めるようになるが、これを支えていたのが、これらの貿易商人であった[5]。

このような状況にあって、父のサミュエル（父子は同名であった）もまた、積極的に海外ビジネスに乗り出した。彼は資産階級をターゲットにした装飾用貝殻を輸入するほか、英国工業製品の輸出に従事した。その結果、サミュエル商会の事業は多忙を極めた。1863～66年における同社の売上高は61,706ポンドに達した。売上利益率はおよそ15％であった[6]。

商売が繁盛した結果、やがて父はロンドンでも屈指の商人となった。父の商売での成功を目の当たりにし、息子もまた、商業ビジネスに就くことを決意した。サミュエルは小学校を卒業すると、商才を磨くためにベルギー・ブリュッセルに渡った。そこでユダヤ系の全寮制学校に入り、1年数ヶ月の商人教育を受けた。その後ロンドンに戻り、兄ジョジフ（Joseph）とともに家業を継いだ。

第3章　サミュエル商会の対日投資と現地経営

　若き日のサミュエルは、冒険心溢れる人物として知られている。彼は1873年に極東地域へ、さらにそれから2年後の1875年に弟のサムと共に、世界一周の旅に出ている。サミュエルは海外に強い関心を抱いていた。彼の企業家としての才能は、後に国際ビジネスの場で発揮されることになる。

サミュエル商会の海外展開と事業体制

　19世紀、ヨーロッパ諸国において特許会社の貿易独占権が廃止されると、多数の貿易商社が誕生した。特に英国は、産業革命の成功と新興国の世界的な貿易システムへの統合により、貿易ビジネスをリードした[7]。

　サミュエル商会は世界貿易の拡大を背景に、次第に取扱い商品を増やした。同社はビルマ、タイ産の米、フィリピンのタピオカ、カナダの小麦、米国の小麦粉、世界各地の貝殻などを主要な商品として扱うようになった[8]。

　しかし、興味深いことに、これほど幅広く商品を扱っていたのにも関わらず、同社の組織は小規模なものであった。同社が雇用していたスタッフの数は、わずか「1ダースほど」であったという。わずかな数のスタッフで世界的な規模の商取引を行うことが出来た理由のひとつに、シンジケート・システム（共同販売機構）の採用があった[9]。

　サミュエル商会は、ロンドンに拠点を置き、世界各地の現地商社と商取引を行っていた。これら現地商社は、ロンドンに社員を駐在させていた。その駐在員らはロンドンではサミュエル商会の事務所に集まり、情報を交換していた。サミュエル商会が新規事業を企画すると、機会あるごとに共同出資者として参加した。事業に参加した場合には、その代理店となっていた[10]。

　このように、サミュエル商会はビジネス活動に関する取引のすべてを自社内部で行うのではなく、シティーの大商人、新興のエージェント、コミッション・ハウス、海外の貿易商社などとの間に商取引上の関係を構築し、実施していた[11]。そのために、小規模な本社組織であっても、世界的な規模でビジネスを展開することが出来たのである。このような形態によるビ

ジネス活動の展開は、なにもサミュエル商会だけに特殊なものではなかった。一般的に、英国の貿易商社は比較的に小規模な同族企業が、ゆるやかな連合体を組織し、実務にあたっていた[12]。サミュエル商会もまた、当時としては一般的な組織形態をとっていたのである。

2．新市場の出現と貿易活動の拡大

サミュエル商会の日本進出

　サミュエル商会の関心は、やがて日本にも向けられた。日本市場は日英修好通商条約（1858年）の締結により、門戸を開いた。貝殻の取引に代表されるように、サミュエル商会は古くから東洋貿易に関わっており、日本にも自然と関心が向けられた。

　1876年、サミュエル商会は横浜にてパートナーシップ形態による商館（Samuel Samuel & Co.）を開設した[13]。このサミュエル商会横浜支店にはサミュエルの弟サムが派遣され、彼を中心に経営体制の整備が進められた。サムは1886年に帰国するまでの約10年間、横浜支店の代表者として経営の指揮をとった。

　彼以外にも外国人スタッフとして、ミッチェル（Mitchell, W. F.）や、ページ（Page, W. F.）らが現地経営に関わった。ミッチェルはチャータード・バンク・オブ・インデアのミッチェル家と血縁関係にあった人物である。約30年間日本に滞在し、現地経営に力を尽くした。1906年に帰国する際には、日本政府から勲3等瑞宝章を授与された[14]。

　また、ページはお雇い外国人として来日していた人物である。明治政府は欧米諸国の先進技術や学問、制度を導入するために多くの外国人を雇用したが、ページもそのひとりであった。彼は鉄道建設に従事しており、日本で最初の列車時刻表を作った人物としても知られている。その彼がサミュエル商会横浜支店の開設時から、ローカル・パートナーとなった[15]。

　商館開設と同時に、商会スタッフとして日本人も採用された。例えば、後に総支配人となる田中善助は、1873年頃より生糸の輸出に従事していた

人物である。陶器および漆器や雑貨の輸出入に力を発揮し、商会を支えた[16]。

さて、サミュエル商会横浜支店は1908年に株式組織（資本金150万円）に改められた。その時点で、外国人スタッフ14名、日本人スタッフ12名という規模であった[17]。同社は居留地制度が廃止された後には、東京・京橋区八重洲町、大阪市東区淡路町、神戸市播磨町、下関市西南部町など、日本各地に支店を開設し、流通・販売網を構築していった[18]。

日本における商会ビジネスの展開

サミュエル商会は、貿易のみならずファイナンスや投資といった金融業務なども展開した。これら事業について、若干詳しくみていこう。

貿易において、サミュエル商会は初期には陶器や漆器、雑貨の輸出入を行っていた。同商会は取扱商品を次第に拡大し、日清戦争後からは、機械、ラシャ、織物類、砂糖、鉄、石油などの輸入、そして絹手巾・染絹、茶、生糸、米、木材、魚油、雑穀、羽二重、石炭などの輸出に従事した[19]。

例えば機械輸入において、サミュエル商会は欧米系機械メーカー各社の一手販売人・代理店であった[20]。三井物産の資料、本店業務課「当社及反対商事関係業一覧」（1932年6月）によれば、サミュエル商会は豊富な資本力を背景に延べ払いを認めており、その存在は「仲々侮り難き強敵」であったと記録されている[21]。

また、サミュエル商会は、日本政府から鉄道建設用資材も受注していた[22]。ページが同社のパートナーであったことが、受注に影響を与えたと思われる。このように、サミュエル商会の顧客対象は民間から政府機関まで、幅広いものであった。

サミュエル商会は、台湾産樟脳の独占的な販売権も有していた。1899年より、日本政府は台湾産樟脳の専売制を実施したが、サミュエル商会がその販売権を落札していた。当時、台湾産樟脳は世界需要の大半を満たしていた。サミュエル商会による樟脳の独占販売は、1907年まで実施された[23]。

保険の販売も、サミュエル商会にとって重要なビジネスであった。同商

会は欧米保険会社各社の代理店であった[24]。このビジネスは、貿易関連業務の一環として行われていた。同社は物的な製品の輸出入のみならず、無形商品の販売にも従事していた。

ファイナンスにおいては、公募債の引受けがサミュエル商会の重要なビジネスとなっていた。1897年に、サミュエル商会が参加するシンジケートによって日清戦争軍事公債4,300万円が引受けられたほか、1902年に横浜水道公債90万円、同年に大阪市築港公債385万円、1903年に日露戦争戦費公債、1906年に関西鉄道英貨公債100万ポンド、1907年に横浜市築港公債31万7,000ポンド、同年に塩水港製糖融資90万円など、多くの公債が引受けられた[25]。

このような外債引受に重要な役割を果たした人物が、ミッチェルであった。1899年2月、彼は日本政府が募集する外債を一手に引受けるために、ロンドンシンジケートの代表として蔵相の松方正義を訪問している[26]。このようにサミュエル商会は、政府への積極的な働きかけにより、ファイナンス分野においても高い存在を示していた。サミュエル商会はロンドン金融市場と密接なコネクションを持っており、日本政府の外債発行に多大な影響を与えた[27]。同商会は、「他の外国商会よりも政府との密接な関係を持って」[28]ビジネス活動を展開した。

直接投資においては、サミュエル商会は日本企業との間に合弁企業を設立した。1890年、同社は京都の小泉糸店と共同出資し、兵庫県菟原郡都賀浜村（現在の兵庫県神戸市灘区）に都賀浜麻布会社（資本金15万円）を設立した。都賀浜麻布会社は、東アジアにおいてはじめてのジュート紡績工場であった。輸出米用の包装麻袋などを生産していた。

ただし、サミュエル商会は同工場に対する投資を継続することはなかった。1893年には都賀浜麻布会社を解散した。その後、同工場は新たに小泉合名会社の支店・都賀浜印度麻工場に改組され、事業を継続した[29]。

日本における商取引上のトラブル

後発国・日本において、サミュエル商会は高い存在を示した。しかし、

第3章　サミュエル商会の対日投資と現地経営

同商会と日本の取引関係者との間には、様々なトラブルも生じていた。

例えば1890年、サミュエル商会と湯本の漆器組合との間に、取引拒否紛議が生じた。この問題は、サミュエル商会が雑貨商の林庄太郎から買入れた湯本製漆器40個を、見本違いという理由で取引を破談にしたことにはじまる。湯本組合はこれまでにも、サミュエル商会からの納入遅れを理由とする違約金や、見本違いによるクレームの多さに不満を抱いていた。そこで組合では、その後のサミュエル商会からの注文を拒絶する決議を下し、取引を中断した[30]。

また、1893年には、神戸の板垣與吉とサミュエル商会との間に、茶箱箪笥納入に関するトラブルが生じた[31]。商品納入代金の支払いを巡る問題であった。この件に関して、神戸雑貨売込商組合が調査に乗り出したところ、この他にもサミュエル商会と売込商との間に、さまざまな問題が生じていたことが明らかになった。

そこで、神戸雑貨売込商組合はその調査結果を横浜の同業組合に報告し、サミュエル商会との面会を求めた。しかし、サミュエル商会はこの面会要請を拒絶した。そのため、組合側はサミュエル商会の前に立番を置き、同業者の出入りを禁じる措置をとった。この措置には、雑貨売込商以外にも12の売込商組合が加わった。また、全国80カ所あまりの商業団体もこの対応を支援した。サミュエル商会と日本商人との取引が一部中断された。この紛議は、1904年5月に横浜洋綿織物商組合などが仲裁に入り、解決をみるまで続いた[32]。

この他、北海道北見の薄荷農家とサミュエル商会との間でも問題が生じた。当時、薄荷市場は小林商店、鈴木商店、ウィンケル商会、多勢商店、長岡商店の大手5社が支配しており、商人による言い値通りの買取りが行われていた。そこで1912年、北見の薄荷農家らはサミュエル商会との間に、農会で一括して商品を納入するという契約を結んだ。しかし、鈴木商店がこの動きを察知し薄荷相場が急騰すると、農家によっては、サミュエル商会との契約を破棄するものがあらわれた。道庁および農会が農民の説得にあたり薄荷を集めたが、最終的な引渡しは当初予定の半分となった。

サミュエル商会はその薄荷を横浜の業者に委託して再製しようとするが、その請負いを拒まれた。やむを得ず、同商会は自前の工場を建設し、薄荷を再製した。ところが、薄荷は当初の計画通りには販売できず、損失を被った。そこで1915年、サミュエル商会は農家を相手に立替金請求訴訟を起こした[33]。この問題は「サミュエル事件」と呼ばれ、マスコミに報じられた。

　このように、サミュエル商会は日本の取引関係者との間に、さまざまなトラブルを抱えていた。このような商取引上の問題は多くの外国商人が抱えており、サミュエル商会もまたその例外ではなかった。

商会ビジネスの停滞

　開国以来、日本における貿易活動は外国貿易商社の手によって行われた。だが、やがて三井物産、三菱商事、丸紅、兼松、鈴木商店などの国内有力企業が台頭すると、状況に変化が生じた。例えば、1876年に設立された三井物産は、初期には政府委託による米、ラシャ、軍用品、石炭の販売に従事していたが、次第に紡績機械・原動機、綿花の輸入へと取扱商品を広げた[34]。香港、上海、パリ、ニューヨーク、ロンドン、リヨン、ミラノなどに支店や出張所を開設し、世界的な流通網を構築した。

　三井物産のような国内貿易商社は、多様な商取引を行うなかで取引コストを低減し、外商に価格競争を仕掛けた。これら商社は垂直統合を進めて内部市場を形成し、外国貿易商社を取引から排除した[35]。このような国内企業による攻勢を前に、多くの外国貿易商社が日本市場からの撤退を余儀なくされた[36]。

　サミュエル商会も同じ問題を抱えていた。1926年4月30日、サミュエル商会は日本支店の閉鎖を決断した。サミュエル商会撤退の理由を、横浜支店のマネジャーであった中川省吾は次のように語っている。「震災後輸出入に関する事業は中止して単に船舶代理と保険のみを続けてきたが、往年のような外商万能の時代は再びと来ないであろうし、今後は日本の貿易業は日本人によって経営されるであろうから断然日本から手を引いたのであ

る」[37]。サミュエル商会の事業は日瑞貿易に譲渡され、およそ半世紀にわたる日本でのビジネス活動に幕を下ろした。

ただ、貿易商社としてのサミュエル商会の対日ビジネスは失敗に終わったものの、同商会の石油部門は、飛躍的な成長をみた。話は前後するが、次に、同商会における石油ビジネスの歴史をみていこう。

3．石油事業への進出

スタンダード・オイルと石油市場

サミュエル商会が取扱った商品のひとつに、石油があった。石油は19世紀より主に灯火として使われていた。日本においても明治の文明開化とともにランプが使用され、灯油の需要が生じた。灯油は当初、日支貿易会社（テレジング）、スミスベーカー、ブラウン、ムリヤンハイマン、ラスベ・ルカス、ジャーディン＝マディソン商会、フィロンロー、アイゼリスグロソン、三井物産、サミュエル商会などにより輸入された[38]。

当時、灯油の最大の生産国は米国であった。1887年には、米国からの日本への灯油の輸出額は111万3000円になったが、貿易額の半数以上を、灯油で占めていた[39]。

その米国においては、スタンダード・オイルが誕生し、巨大企業へと発展した。同社は1880年代初期までにトラストを形成し、米国石油業界を支配するに至った。1882年のトラスト協定によって設立されたスタンダード・オイル・トラストは、所属企業40社という規模であった[40]。

スタンダード・オイルは海外市場への進出を試みた。1888年、同社は最初の海外子会社として、アングロ・アメリカン・オイル・カンパニーを設立した。この海外子会社は現地有力企業と提携しながら、ヨーロッパ大陸での販売網を形成した[41]。

スタンダード・オイルはアジア市場の開拓にも力を注いだ。1884年には米国は灯油総輸出量の20％以上をアジア地域に向けていた。スタンダード・オイル・カンパニー・オブ・ニューヨーク（Standard Oil Company Of

Newyork, 通称SOCONY。以下、ソコニーと略す）は、アジア市場、特に中国市場の開拓に力を注いだ。同社は小型ランプ「美孚（メイフー）ランプ」を開発し、中国全土での灯油の普及と、需要の拡大を図った[42]。

ソコニーは日本市場への進出も試みた。1893年に現地の灯油輸入会社であった日支貿易会社[43]の石油部門を継承し、日本支店を設立した。ソコニー日本支店は、横浜、神戸、長崎に営業所を開設し、日本人の石油引取商に灯油を供給した。同支店は自社で開発した「レイヨーランプ」を普及させ、灯油需要を喚起した。販売量は順調に伸び、1900年には国内灯油消費量の約70％（25万6,800キロ）を供給した[44]。このように、ソコニーは日本灯油市場において、独占的な地位を築いた。

なお、灯油はニューヨーク石油組合の規則に従い、5ガロンサイズの缶に詰められ、さらにそれを2缶ずつ木箱に入れて船積みされた。極東や熱帯地域への輸送は、火災のリスクを負っていた。被害を最小限にとどめるために、このような梱包方法がとられた[45]。

ロシアにおける油田開発

米国産石油が世界市場を席巻するなか、ロシアでも石油採掘が進められた。同国のコーカス地方には、大量の石油が埋蔵されていると考えられていた。そこでロシアは、外国資本に石油探索を認め、石油産業の勃興を図った[46]。

このようなロシアの産業政策を背景に、同地域に多数の外国資本企業が進出した。例えば1875年、スウェーデンのノーベル兄弟がロシア国内に製油所を建設した。彼らは油田の獲得にも成功し、やがてロシア産灯油の3分の1を生産するようになった。

また、1880年代半ばには、ユダヤ系財閥のロスチャイルドもロシア石油業への参入を試みた。ロスチャイルドは金融支援を引き替えに、ロシアの独立業者から石油の一手販売権を得た。これら業者から供給された石油を、バツームの製油所で製品化した。その製品は、同財閥が所有する販売会社・ブニト（BNITO）を通じて、海外へ輸出された[47]。

第3章　サミュエル商会の対日投資と現地経営

　このような企業活動の結果、1880年代半ばまでにロシア産灯油は世界17カ国で販売されるようになった。スタンダード・オイルの試算によると、1888年時点で、ロシアの灯油輸出量は3,087,000バーレルに達した。世界に輸出される灯油の22％を占めた[48]。

　ロシア産灯油は、米国産灯油に比べて低コストで生産することができた。米国の油田が同国東部各州に点在していたのに対して、ロシアでは、バクー近郊の5キロメートル四方の地域に油田が集中していた。また、ロシア油井の大半は噴油井であり、1日の平均産油量は280バーレル以上であった。これに対して、米国各地の油井における1日の平均産油量は4.5バーレルにすぎなかった。ロシア産原油からの灯油の収得率は低かったものの、原油生産コストは米国産原油の2分の1から3分の1程度であったと考えられている[49]。

スタンダード・オイルへの挑戦

　石油市場の拡大を目の当たりにし、サミュエル商会は石油ビジネスへの本格的な参入を決意した。1891年、サミュエル商会はロスチャイルド系の石油販売会社ブニトから、1900年を期限とする東洋市場での独占的販売権を得た[50]。

　石油ビジネスへの新規参入は、同時に巨大組織スタンダード・オイルに対する挑戦でもあった。スタンダード・オイルとの価格競争に対抗する必要があった。

　このような状況にあって、サミュエルは一大イノベーションによる競争を企てた。タンカー船による石油輸送の実現である。既述のとおり、米国産灯油は5ガロンサイズの缶に詰められ、さらにそれを2缶ずつ木箱に梱包し、輸送されていた[51]。

　これに対し、サミュエルはタンカー船を建造し、直接に船体のタンクに灯油を詰めることで、低コスト・大量輸送を実現しようとした。実は、このアイデアはサミュエルによる独創ではなかった。すでにノーベル兄弟がロシア国内における輸送・配給にて実現していたものである[52]。しかし、

それはロシアという一部地域での実施であった。サミュエルはこれを、ロシアから極東に至る長距離輸送に用いようと考えたのである。彼の指示に従い建造された外航タンカー・ミュレックス号は、1892年にスエズ運河を通過し、この計画を実現した[53]。このように、サミュエル商会は低コストでの輸送手段を武器に、市場への参入を試みた。

ところで、タンカー船の利用に際し重要なことは、タンカー船団を効果的・効率的に用いることのできる組織の形成であった。そこで、サミュエル商会は共同販売を行う企業連合、すなわちシンジケートを組織した。このタンク・シンジケートにおいては、共同出資・共同利益配分が成文化されており、東洋市場のすべての利益と損失を、共同勘定として分配した。スタンダード・オイルとの価格競争により一部の地域で損失を被ったとしても、他の地域で得た利益によって損失を補うことができた。このように、巨大垂直統合型組織をもつスタンダード・オイルとは異なる組織形態を採用し、競争に臨んだ。それは貿易商であったサミュエル商会が、伝統的に用いてきた手法であった。

日本市場における灯油の流通・販売体制

ブニトから東洋における石油販売権を獲得後、サミュエル商会は流通・販売網の整備に着手した。日本においては、同社は市場を関東・東北地方、関西地方、九州地方の3ブロックに分け、代理店を設置した。このうち関東・東北地方を横浜の浅野石油部が、関西地方を神戸のサミュエル商会が、そして九州地方を九州露油が担当した[54]。

まず、タンカー船によるバラ積み輸送を実現するためには、日本国内に石油を貯蔵するための油槽所を建設する必要があった。そこでサミュエル商会は、1892年に神戸・和田岬に貯油槽を建設した。同油槽所には、鉄製油槽3基が設置された。このうち2基は直径57尺、高さ25尺であり、残り1基は直径15尺、高さ10尺であった[55]。

横浜においても油槽所の建設が進められた。同地域においては、浅野石油部が横浜・平沼町に貯油槽を建設した。油槽所の建設には、爆発の危険

性や漁業への影響などから、各地で抗議活動が起こった。横浜市においても建設に対して市民から反対の声が上がった。横浜においては、市会においてわずか1票差で油槽所の建設許可が降り、工事が進められた[56]。

さて、サミュエル商会が輸入した灯油は各地の代理店に引取られ、代理店自らが販売するほか、一部は仲買あるいは小売商を通じて販売された。例えば、浅野石油部は、小車の上に蛇口のついた赤いタンクを乗せ（これを赤車と称した）、戸毎に灯油を販売した。当初、灯油は古缶・古箱に詰め替えて販売された。しかし、古缶・古箱の再利用は外観が劣ることから、消費者から敬遠された。そこで、浅野石油部は古缶の商標を消して再利用するほか、サミュエル商会から新たに缶を買入れ、灯油を販売した。一方、仲買あるいは小売商への卸売においては、赤車用タンクの20倍大のタンクを馬車に乗せ（これを赤馬車と称した）、特約店に供給した[57]。

灯油の販売組織も整えられた。例えば、浅野石油部は東京において、八扇会と称する特約問屋の販売機関を組織し、毎月の責任販売量を割当てた[58]。リベート方式が採用されており、1ヶ月あたり10万箱以上の灯油を販売すると、1箱につき4～5銭が割戻された[59]。

このように、各地の代理店および小売店を通じて、灯油が市場に供給された。1899年に居留地制度が廃止されるまで、外国人の内地通商が認められなかった。そのため、サミュエル商会は国内の代理店を利用して、流通・販売体制の整備を進めた。

4．石油事業の拡大

ロイヤル・ダッチの台頭

石油市場の拡大とともに、アジア地域においても油田開発が進められた。例えば、1890年、オランダに本社を置くロイヤル・ダッチが、オランダ領東インドにおいて油田開発を進めた。同社はスマトラ島ランカットで石油を採掘し、対岸の小島に設けた製油所でそれを精製していた。1895年頃からはラスペ商会を通じて、日本へも石油の一部を輸出した。当初は同社の

精製技術が未熟であったため、輸出量はわずかであった。しかし、それでもラスペ商会の商会員が東京の石油問屋・仲買人の間を「東奔西路して注文取りに忙しき有様」[60]であったという。

ロイヤル・ダッチのビジネスは、スタンダード・オイルとサミュエル商会との熾烈な競争を前に、一時は破産寸前にまで陥った。しかし、1900年にロスチャイルドの支援を受けてからは、飛躍的な発展を遂げた。同年、社長に就任したデターディング（Deterding, H.）は、製油所と消費市場を直結し、販売する方針を打ち立てた[61]。彼はサミュエル商会に援助を求め、同商会の船隊を輸送に利用する協定を結んだ[62]。ロイヤル・ダッチは、極東における有力企業として力を蓄えた。

サミュエル商会の新たな試み

サミュエル商会もまた、東南アジアでの石油採掘に着手した。1880年代末頃より、同社はオランダ人メンテンからボルネオ・マハカン河口の利権地を譲り受け、採掘事業に乗り出した。既述のとおり、これまで同商会はブニトから供給されるロシア産石油に依存しながら、ビジネスを展開していた。しかし、今後のビジネス展開、つまりはライバル企業との競争を考えれば、自前で油田を所有する必要性があった。油田開発が重大な経営課題のひとつであった。

さて、この油田開発は、サミュエル商会が期待した通りに成功し、ついに同商会は石油を手にすることができた。ここで採取された原油を、バリクパパンに建設した製油所に運び込み、精製した[63]。ところが、実際に精製してみると、ボルネオ原油は灯油収得率が低いことがわかった。その一方で、燃料油としての重油には優れた性質を示していた。そこで、サミュエル商会は、重油を船舶用燃料として利用することを試みた。当時、船舶の大型化が進んでいたが、そのために、石炭燃料庫の容積拡大や、その石炭を運搬・燃焼させるための火夫の人数増加といった問題を抱えていた。もし、燃料を液体燃料に転換することができれば、石炭のための倉庫や、大勢の火夫が不要になり、問題を解決することができた。このようなこと

から、船舶燃料の中心が石炭であった当時、サミュエルは「克服すべきはただひとつ、偏見のみである」[64]と語り、燃料油の普及に力を注いだ。

　まず、サミュエル商会は自らの船団の燃料を重油に切り替えた。そして、英国海軍に重油燃料の優秀性を説き、燃料転換を提唱した。サミュエルの働きかけは成功し、やがて英国海軍が燃料転換を決定した。このように、サミュエル商会は、新たなエネルギーとしての石油利用を試みた。

極東市場における石油ビジネスの新展開

　サミュエルが組織したタンカー船団は、極東各地に流通網を築き、市場を開拓した。この成功を受けて、シンジケート組織は1897年にシェル・トランスポート・アンド・トレーディング（Shell Transport and Trading Co. 以下、シェルと略す）へと改組された[65]。サミュエルはシェルの株式の3分の1を所有した。一族の持ち株を含めると、彼はシェルの過半数の支配権を握った。石油市場の拡大とともに、シェルは極東において大規模なビジネスを展開した。しかし、それでもシェル本社そのものは小規模な組織であった。本社の従業員数は、「数名程度の事務員を抱える程度のもの」[66]であったという。

　1903年になると、シェル、ロスチャイルド、ロイヤル・ダッチの三者は均等に出資し、新たにアジア石油（Asiatic Petroleum Co.）を設立した。アジア石油の設立目的は、極東におけるグループ内の石油輸送および販売にあった。

　合弁会社の設立は、ロイヤル・ダッチとシェルの競争能力を相互に補完するものとなった。ロイヤル・ダッチは新興勢力として台頭しつつあったとはいえ、流通・販売における能力が不十分であった。同社が保有していたタンカー船は、わずか3隻であった。これに対し、シェルは16隻のタンカー船を保有しており、流通・販売において卓越した能力を有していた[67]。

　一方で、ロイヤル・ダッチは油田資源を持っていた。このため、同社は50％もの配当を実現していた。ロシア油に大きく依存していたシェルにとって、ロイヤル・ダッチの持つ油田は魅力的なものであった[68]。

ロイヤル・ダッチとシェルの連携は、アジア石油会社の設立にとどまらなかった。さらに1907年、両社は国際的な企業合同を行い、ロイヤル・ダッチ＝シェルグループを設立した。出資比率はロイヤル・ダッチが6割に対し、シェルが4割であった[69]。この会社は英国とオランダのそれぞれに国籍を持つことになった。同グループが二重に国籍を持った理由として、ジョーンズ（Jones, G.）は、ロイヤル・ダッチ＝シェルグループが、英国政府からの外交上・政治上の恩恵を受ける余地を残しておきたかったこと、シェルが英国陸海軍に対する燃料供給者としての地位を保っておきたかったことにあると指摘している[70]。

　ロイヤル・ダッチ＝シェルグループが誕生したこの時期、シェルはスタンダード・オイルの価格攻勢にあい、ヨーロッパ市場を失いつつあった。そのためシェルは、スタンダード・オイルへの身売りか、あるいはロイヤル・ダッチとの提携に踏み切るかの選択を迫られていた。実際に、スタンダード・オイルのアーチボルドは、サミュエルをニューヨークに招き、4,000万ドルの買収価格を提示するとともに、合弁会社を設立してサミュエルをその会長にするという条件を提示していた。しかし、最終的に、サミュエルはスタンダード・オイルとではなく、ロイヤル・ダッチと手を結ぶ道を選び、石油ビジネスに残ることを決断した。

　ただ、この時期より、サミュエルは彼の関心を会社経営よりも政治に向けつつあった。彼はロンドン市長に選出されるなど、活動の場を移しつつあった。このようなことから、ロイヤル・ダッチ＝シェルグループのリーダーシップは、ロイヤル・ダッチの社長であったデターディングが担うようになった[71]。

　なお、当時のシェルとサミュエル商会の社員はわずか48名であった。会社は輸出、出納、石油、タンカー、重油、絹・農産物、株式、庶務といった8部門から構成されており、それぞれの部門の担当者は2〜12名程度であった[72]。

　しかし、このような組織体制では、事業拡張に限界を抱えていた。世界的な石油需要の高まりとともに、シェル本社は多忙を極めるようになって

いた。そのため、デターディングは組織の再編に力を注ぐことになった[73]。

日本における流通・販売網の再編

　本国本社の組織体制が大きく変わるなかで、日本国内における石油事業も再編された。1900年4月11日、サミュエル商会はライジングサン石油（資本金25万円）を設立し、同社に石油輸入業務を譲渡した。同時に、浅野石油部も同社に吸収された。

　この時期、日本政府は外資に対する規制を緩和しつつあった。金本位制の確立、商法の全面施行、治外法権の撤廃、外国人の土地所有公認、鉱山条例の改正などにより、外国資本企業による内地でのビジネス活動を認めたのである[74]。これを受けて、サミュエル商会は代理店・問屋に依存していた流通・販売体制を見直した。1900年代半ばになると、これまで代理店に与えていた一手販売権を廃止し、新たに各府県に「指定販売人」を指名した[75]。

　例えば、関西においては1904年に「タンク石油連合」が結成された。同連合はサミュエル商会の商館員2名を連合の相談役・顧問とし、ライジングサン石油からの石油買入れと、関西におけるタンク油の一手販売を担った。タンク石油連合は石油の予定買入価格と、予定販売価格を設定することで、末端の販売価格をコントロールした[76]。

　タンク石油連合は各地に特約店を設け、それらを通じて石油を販売した。特約店は1904年には、大阪16名、堺9名、泉州3名、和歌山7名、徳島4名、福山1名、岡山3名、姫路4名、広島3名、大津2名、武生10名、鯖江2名、福井6名、金津10名、金沢2名となった[77]。

　ただし、ライジングサン石油はこれら指定特約販売人を必ずしも同社の専属とはしなかった。他油の取扱いも認めることで、多くの有力問屋の流通網を利用しようとした[78]。

　なお、ライジングサン石油は、1903年のアジア石油の誕生を受けて同社の子会社として再編された。さらに1907年のロイヤル・ダッチ＝シェルグループの成立により、同グループの所属企業となった。

居留地制度の廃止と企業

　日本における外国資本への規制緩和、とりわけ、居留地制度の廃止による立地の制約解除と鉱業条例の改正は、石油販売に関わる企業の活動を刺激した。例えば、スタンダード・オイルは元駐日米国公使ダン（Dun, E.）の提案を受け、新潟県下の油田調査を行った。当時、新潟には95以上の小規模な製油所があった。このような油田を開発することで、極東でのビジネスを優位に進めようとした。

　スタンダード・オイルは新潟での油田調査を行い、同地での石油採掘・精製の準備を進めた。1900年4月、同社は合名会社・太平石油（資本金10万円）を設立し、工場建設に着手した。太平石油は直江津付近に精油用の工場敷地10万坪を購入し、柏崎と直江津の間約32キロメートルを結ぶパイプラインを敷設した。

　同年11月、スタンダード・オイルは太平石油を解散し、新たにその後継企業として、インターナショナル石油（資本金1,000万円）を設立した[79]。同社の代表取締役には、スタンダード・オイル横浜支店の支店長であったコップマン（Copmann, J. W.）と、同支店店員のファティーグが、取締役には横浜の実業家であった大石嘉兵衛[80]が、そして製油所支配人には新潟への進出を提言したダンが就任した。

　ライバル企業の動きに対し、サミュエル商会もまた商会員の田中善四郎、W. ページ、フランス人地質学者ホームらを新潟に派遣し、石油埋蔵に関する調査を行った。ところが、彼らの調査結果、日本の油田は将来性に乏しく、ビジネスとしての成功は難しいという結論に達した[81]。そのため、サミュエル商会は新潟への進出を見送った。

　この判断は正しかった。国内の石油生産量が停滞したことから、インターナショナル石油は思うような成果を上げることができなかった。同社の原油処理能力は日産2,500石であったが、実際の灯油生産量は日産で約140石であった[82]。結局、1907年5月、スタンダード・オイルはインターナショナル石油を日本石油に売却し、国内の石油採掘事業から撤退した[83]。この時の同社の売却価格は175万円であった。

なお、ダンロップ護謨（極東）の取締役であった武藤健はスタンダード・オイルの日本への進出経緯とその失敗について、次のようなエピソードを語っている。

「其時（日清戦争後：著者注釈）に伊藤博文と云ふ方が青木周三と云ふ外務大臣當時外國人を夫人とした方では隨分古い方で子爵に成られて亡くなつた方でこざいますが此方に『どうだ青木お前は外人を家内に持つて居る爲に西洋人がお前を信用して大分西洋人が來るぢやないか　どうか日本で少し此外人を歡迎して日本で工業を起さしたらどうだ　今や日本の國の財政は到底新規に工業を起す程に餘裕がない　だから追々さう云ふ人を迎へたらどうだ』と云ふやうなお話があつて第一番に數百萬圓の資本を投じたのが何を隠さうあの亞米利加のスタンダード石油會社であつたのです　越後國を初め北海道に至り倅は臺灣に至るまで會社を起しましてさうして方々探油しましたけれども最後に其事業は失敗して此全部を日本石油會社に僅かな金で費つて其事業は廢めましたが之を初めとしまして瓦斯會社であるとか礦山であるとか材木であるとか色々な事業を英米其他の人が日本で企てましたが如何せん外人の見た眼の日本と其經營法は到底日本人と協同をして仕事をやつても皆殆ど失敗しました」[84]。

日本国内における製油事業の展開

ライジングサン石油もまた石油製品の輸入販売にとどまらず、国内事業の垂直統合を進めた。国内における関税障壁の設定が、同社に垂直統合を決意させた。日本は日英通商航海条約の締結（1894年）により関税自主権の一部を回復し（1899年実施）、灯油の関税を漸次引き上げていた。1903年には、灯油の関税は缶入りと無缶との区別が廃止され、一律に10ガロンにつき32銭が課せられた[85]。さらにその後、日露戦争の戦費調達を目的とする非常特別税法が制定され、増税された[86]。

このような動きに対し、デターディングは、日本国内で原油を精製することを決意した。関税障壁の内側に入ることで、不利な状況を回避しよう

と考えたのである。

　この時、デターディングはバレンバン産の軽質原油を輸入し、日本国内で精製すれば、1,000トンにつき13,500円の利益が出ると試算した。もし、新関税実施前にバレンバン産原油35,000トンを輸入できれば、製油所の建設費を払っても余りある利益が得られると考えたのである[87]。サミュエル商会はロスチャイルドとの契約改定に際し、ロシア産石油以外の石油販売許諾を得ていた。そのため、バレンバン産原油の輸入も可能となっていた[88]。

　1908年、ライジングサン石油は、福岡県西戸崎に150万円を投じて製油所を建設した。西戸崎に21,745坪、大竹に4,374坪、合計26,119坪の土地を購入した[89]。工場設備は、バレンバンのスンバル製油所を解体して日本に送り、それを組み立てた[90]。製油所は1909年に竣工した。

　工場には、蒸溜釜4基（各50トン）、精製用タンク（163キロ）のほかに、4,000トンのタンク8基、10～500トンの製品タンク21基が設置された。工場敷地内には、製罐・製箱工場、詰場、鉱油混合場、倉庫、ボイラー室、事務所、社宅などが置かれた。工場から船舶繋留点までは軌道が敷かれた。また、タンカー船からタンクまでの間に8インチの鉄管が敷設され、それを通じて原油や製品が陸揚げされた[91]。

　長岡鉱業会議所の調査によると、1909年度における西戸崎製油所の操業実績は、原油10,462,215ガロン（719,111円）であり、製油高は、揮発油4,184石88升、灯油115,843石65升、重油58,588石40升、ピッチ10,462石22升であった[92]。1911年には、同製油所は、ロシア原油（69,120石）、ルーマニア原油（24,127石）、スマトラ灯油（23,043石）を輸入し、精製していた。

　しかし、残念ながらこのような試みは上手くはいかなかった。高率関税が操業の支障となった[93]。さらに、第一次大戦（1914年）が勃発すると、原油輸入が困難になり、工場経営は苦境に陥った。そのため、1915年、ライジングサン石油は製油所を閉鎖し、わずか7年で石油精製事業から撤退した[94]。こうして、デターディングの企ては失敗に終わった。

国内における製油事業は失敗に終わったが、石油輸入取引事業は依然として拡大していた。そこで、ライジングサン石油は全国各地に油槽所を建設するほか、1912年には沿岸輸送のために帝国船舶を設立し、輸送体制を強化した[95]。流通・販売分野における競争力の強化を図った。

重油需要の増加

　大正期に入ると、日本における石油の需要構造に変化が生じた。灯火よりも、燃料油としての石油需要が増えはじめたのである。例えば、動力燃料として用いられたものに重油があった。英国と同様に、日本においても海軍艦艇を中心に重油への燃料転換が図られた。ライジングサン石油は、平沼油槽所内に重油燃焼装置を設備するなど、日本における燃料転換を支援した[96]。

　日本における重油需要の増加に関して、1919年、サミュエルは石油問題先覚者のひとりであった福島道正に対して、次のように語ったという。

「聞くところによると、日本は海軍を拡張するということであるが、しからば将来の軍艦は液体燃料を専燃することになろう。これに対し日本はいかなる準備があるのか。察するに買溜めよりほかに手があるまい。もし日本にして意あらば、わがアジアチック会社は便宜をあたえるにやぶさかではない。また日本海軍の顧問となって、大いに尽力する」[97]。

　このように、ライジングサン石油は日英同盟を背景に、重油市場における地位を固めていった。
　日英同盟が廃止された後も、ライジングサン石油の地位が揺らぐことはなかった。日英同盟廃止後（1922年）、ライジングサン石油は新たに辛酉商会（資本金150万円）を設立し、同社を通じて海軍への重油を供給した。この辛酉商会は設立から間もなく旭石油に譲渡されることになるが、同社の重油は実質的にライジングサン石油から供給された。1922年度に、日本海軍は50万トンの重油を輸入しているが、そのうちの40万トンを旭石油が、

残り10万トンを三井物産が供給している[98]。

ガソリン需要の増加

　トラックや乗用車の普及とともに、ガソリン需要も生じた。関東大震災以降（1923年）、日本においては自動車の生産台数が増加した。1925年に米国のフォードが、資本金400万円を投じて横浜に自動車組立工場を建設した。また、1927年に米国のGMも、資本金800万円を投じて大阪に工場を建設し、組み立て生産を開始した[99]。自動車産業の勃興を背景に、日本においては1926年に、ガソリンの消費量が灯油の消費量を上回るようになった[100]。ライジングサン石油は「赤貝印」「黒貝印」の商標をつけてガソリンを販売し、その需要に応えた[101]。

　また、ライジングサン石油はガソリン・スタンドの設置にも積極的であった。1928年の商工省調査によれば、東京市内のガソリン・スタンド所有数は、日本石油とライジングサン石油が圧倒的な数を占めていた。ソコニー日本支店がガソリン販売に遅れをとったこともあり、ライジングサン石油は業界における主導的な地位を築くことに成功した。1930年、灯油販売シェアではソコニー日本支店が38％、ライジングサン石油が20％であったのに対し、ガソリン販売シェアでは、ソコニー日本支店が24％、ライジングサン石油が35％と逆転した[102]。

　表3－1は1931年時点での事業者別ガソリン販売量または同生産量を示している。輸入業者であるライジングサン石油は全体の34.5％を占め、業界トップであった。

　ソコニー日本支店（22.7％）を含めると、外資二社で全体の57.2％を占めていたことになる。一方で、国内の精製業者では日本石油が全体の25.7％を占め、規模でソコニーを上回った。小倉石油も全体の11.3％を占め、存在を示した。

表3－1．1931年の事業者別ガソリン販売量または同生産量

業態別	事業者別	販売量または生産量 （単位：千函）	シェア（％）
輸入業者	ソコニー	約4,600	22.7
	ライジングサン石油	約7,000	34.5
	三菱商事	353	1.7
	日商	3	0
	（小　計）	11,957	58.9
精製業者	日本石油	5,211	25.7
	小倉石油	2,292	11.3
	三菱石油	59	0.3
	新津恒吉	725	3.6
	早山与三郎	48	0.2
	小林友太郎	3	0.0
	その他	4	0.0
	（小　計）	8,342	41.1
合　　計		20,299	100

出所）通商産業省編（1961）『商工政策史 第9巻産業合理化』, p.435.
注）ソコニーには三井物産販売分も含まれる。日本内地のみで、朝鮮、台湾を含まない。

5．外資への圧力の高まりとライジングサン石油

国内企業による石油ビジネスへの参入

　日本国内における石油市場は拡大の一途をたどった。表3－2は、日本国内における石油消費量の推移を示している。灯油の需要は減少傾向にあったが、揮発油、軽油、機械油といった石油需要が次第に高まった。重油需要は年度ごとの変動があったが、それでもその販売量は多く、無視できないものであった。石油の総消費量は全体的に増加した。

このような状況を背景に、日本国内から日本石油、小倉石油、三井物産、三菱商事などの企業が新規に参入した。例えば、三菱商事は1923年に「燃料に関する臨時委員会」を設け、委員会での決定にしたがい、燃料部を設置した。そして同年、米国・サンフランシスコに本社をもつアソシエイテッド・オイルと交渉し、日本における燃料油、重油の海軍への一手販売権を得た。なお、アソシエイテッド・オイルは、1901年にカリフォルニアに油田をもつ大規模な生産業者が合同し、誕生した企業である。カリフォルニアでも大手の石油精製会社であった[103]。

　このほかに三菱商事は、タイド・ウォーター・オイルとも一手販売契約を結び、同社の高級潤滑油の販売権と、中国における製品の一手販売権を得た。なお、アソシエイテッド・オイルとタイド・ウォーター・オイルの

表3－2．日本の内地石油消費量（1916－1926）

（単位：千函）

年	揮発油	灯油	軽油	機械油	重油	合計
1916	454	4,912	1,723	1,407	3,943	12,441
17	741	4,277	2,718	1,848	2,846	12,432
18	1,011	4,000	3,405	2,152	1,790	12,260
19	1,008	4,977	2,829	2,025	1.245	12,086
20	1,397	4,445	2,978	2,496	1,181	12,500
21	1,287	3,434	3,761	2,679	1,225	12,389
22	1,910	4,179	3,922	2,695	1,507	14,214
23	2,048	3,867	3,775	3,582	3,453	16,727
24	3,149	3,877	4,672	4,252	3,893	19,834
25	3,716	4,002	5,076	3,473	5,049	21,317
26	5,034	3,606	5,578	3,855	5,791	23,865

　出所）武田晴人（1979）「資料研究――燃料局石油行政前史」産業政策研究書編『産業政策史研究資料』、p.180. 原典は、津下紋太郎（1927）「本邦石油事業ノ状況」。
　注）移出は消費とみなされている。

第3章　サミュエル商会の対日投資と現地経営

親会社は、同一のタイド・ウォーター・アソシエイテッド・オイルであった。

　三菱商事による石油ビジネスへの参入は、輸入販売にとどまらなかった。1930年、三菱商事は国内での石油精製を目的に、アソシエイテッド・オイルと共同で、合弁会社を設立した。株式の持分は、アソシエイテッド50％、三菱側（三菱鉱業、三菱商事）50％の対等出資であった。1931年に川崎工場が建設され、翌年に三菱石油が設立された[104]。

　日本においては、引き続き石油の関税が引き上げられたが、1926年以降は原油輸入関税のほうが、石油製品輸入関税よりも低くなった。そのため、石油精製は産地精製方式よりも消費地精製方式のほうが有利になった。三菱石油の設立は、このような産業政策に沿ったものであった。

　これに対して、この時期、外国二社は再び国内での石油精製に乗り出すことはなかった。この点について、橘川は、過去の失敗経験がこれら企業の再進出を躊躇させたと考えている[105]。結果として、国内企業への新規参入の機会を許し、競争の激化を招くことになった。

国内外における石油カルテルの成立

　1920年代後半、石油業界においては世界的な規模で価格競争が繰り広げられた。原油の供給過剰を背景に、ロイヤル・ダッチ＝シェルグループとスタンダード・オイルが、インド、イギリス、米国で値引き攻勢を仕掛けたのである。この事態を収拾するため、1928年9月、ロイヤル・ダッチ＝シェルグループのデターディングは、スタンダード・オイルの社長であったティーグルと、アングロ・イラニアン（現在のＢＰ[106]）の最高経営責任者であったカドマンをスコットランドのアクナキャリー城へ招き、そこで石油市場の分割に関する密約協定を結んだ[107]。それは現状維持を相互に約束することを目的としたものであった。

　カルテル協定は、日本国内でも結ばれた。国内では、商工省が斡旋し、1932年10月、ガソリン販売に関する6社協定が締結された。これにより、ガソリンの各社販売割当比率は、ライジングサン石油31.7％、ソコニー日

本支店23.8％、日本石油26.3％、小倉石油11.4％、三菱商事6.8％となった。三井物産はスタンダード・オイルより配分を受けた。

　ここで興味深いことは、ロイヤル・ダッチ＝シェルグループとスタンダード・オイルが結んだ国際カルテル協定が、日本市場では効力を発揮しなかったという点である。その原因として、橘川は次の３点を指摘している。ひとつは、日本においては有力な国内石油会社がいくつか存在していたため、ロイヤル・ダッチ＝シェルグループとスタンダード・オイルの市場支配力に限界があったこと。ふたつめは、ロイヤル・ダッチ＝シェルグループとスタンダード・オイルの両本社ともに、日本の現地子会社との意志疎通が順調ではなかったこと。そして最後に、ロイヤル・ダッチ＝シェルグループとスタンダード・オイルとは、本社レベルでは協調関係が保たれていたものの、競争当事者であるライジングサン石油とソコニー日本支店では不和が生じていたことである[108]。これらの理由から、カルテル協定において、国内と国外という二つの基準がつくられたという。

　このように、国内外で内容を異にするものの、次第に石油業界においてはカルテル協定の動きが活発になった。1932年11月には、商工省が１ヵ月あたり10万函以上のガソリンを生産または販売する業者に対して、「重要産業統制法」の指定を行うようになった。行政による石油業界の統制が進められた[109]。

石油業法の制定とライジングサン石油
　満州事変の勃発（1931年）以降、日本政府は排外的な産業政策を打ち出すようになった。石油業においては、1934年に石油業法が制定された。同法は、石油輸入業および精製業を政府許可事業とし、石油の輸入業者に統制を加えた。石油業者に対しては一定量の石油保有が義務づけられた[110]。これは、消費地精製方式をとる国内石油会社に有利で、生産地精製方式をとる外国石油会社に不利な制度であった[111]。

　このような日本政府による石油産業への介入に対して、ライジングサン石油はそれほど大きな反応を示さなかったという。橘川によれば、石油業

法が松方日ソ石油の動きを規制する機能を果たすことを、ライジングサン石油が期待したためであったという[112]。この時期、松方幸次郎率いる松方日ソ石油が、ソ連製ガソリンの廉価販売を企てていた。それは6社協定を脅かすものであり、その新規参入によって国内ガソリン市場における競争がさらに激化する恐れがあった。ライジングサン石油は、松方日ソ石油の動きを封じるために、石油業法を利用しようと考えたという。

このように、ライジングサン石油は業界の安定機能として法律を認識し、受け入れた。このことについて橘川は、「石油業法の制定に際して外国石油会社が、新興勢力（松方日ソ石油）の封じ込めという目先の課題に追われて、同法のもつ排外性に抵抗するという中長期展望をもちえなかった」と評している。

ただ、そのような状況にあっても、ライジングサン石油は日本国内における高いプレゼンスを維持した。同社は1941年時点で、外資系企業（外資比率50％以上）のなかでも、最大の資産59,435,064円を有する企業となった。なお、同2位のソコニー日本支店の資産は28,196,078円であった[113]。

その後、太平洋戦争に突入すると、ライジングサン石油とその子会社は敵産管理法により資産を接収され、事業を一時的に中断した。戦時中、1942年5月までに51名の外国人とその関係者が警察により検挙されているが、そのなかにはライジングサン石油の社員11名も含まれていた[114]。

戦後、ライジングサン石油は社名をシェル石油と改称し、事業活動を再開した。そして1985年には、昭和石油と合併し、昭和シェルとなった[115]。今日でも（2009年現在）、昭和シェルはロイヤル・ダッチ＝シェルグループの石油元売り会社として、対日ビジネスを継続している。

要　約

以上、本章ではサミュエル商会の対日投資の動機、日本での事業展開、現地経営の成功と失敗のポイントについて若干の考察を加えてきた。ここでは、本章で明らかになった点をいくつか取りまとめ、結びとしたい。

まず、サミュエル商会は日本市場の将来性を見出し、パートナーシップ形態による支店を開設した。同社は貝細工に代表されるように、古くから東洋貿易に従事しており、日本市場との関わりがあった。また、お雇い外国人として活躍していたページの協力が得られたことから、ある程度のリスク回避が可能であった。

　サミュエル商会横浜支店が特に重視したものは、日本政府との取引であった。公募債の引受けをはじめ、政府関連のビジネスが展開された。大規模な商取引が行われていたのにも関わらず、同社はシンジケート・システムを採用することによって、少人数のスタッフでビジネス活動を展開することができた。ただし、商会ビジネスは日本国内から垂直統合型の総合商社が台頭すると勢いを失った。日本市場から撤退せざるを得なくなった。

　一方で、石油販売への参入により、事業は転機を迎えた。当初、商会ビジネスの一部として行われていた石油販売は、飛躍的な成長をみた。1907年には企業合同によるロイヤル・ダッチ＝シェルグループが誕生し、その活動が本格化した。日本においてはライジングサン石油が設立され、石油ビジネスが展開された。ロイヤル・ダッチ＝シェルグループは重油やガソリンといった動力燃料として石油を活用し、成功をおさめた。

　ライジングサン石油の事業は成功し、業界における地位を築いた。グローバル経済の縮小とともに、行政的なカルテルの指導や石油業法の制定といった政治的なコントロールが強まったが、世界的な規模で油田を保有していたこと、またその供給に必要な流通能力を有していたことから、ライジングサン石油は業界における主導的な立場を維持した。1941年までに、外資系企業のなかで最大の資産を有する企業となった。

注）
1）ロイヤル・ダッチ＝シェルに関する先行研究には次のようなものがある。
　米川伸一（1969）『ロイヤル・ダッチ＝シェル』東洋経済新報社. Henriques, Robert. (1970) *Bearsted A biography of Marcus Samuel, first viscount bearsted and*

第3章　サミュエル商会の対日投資と現地経営

　　 founder of 'Shell' transport and trading company, Augustus M. Kelley Publishers. Howarth, Stephen. (1997) *A Century In Oil The "Shell" transport and trading company 1897-1997,* Weidenfeld & Nicolson London.
2) Henriques, Robert, *op, cit.,* p. 15.
3) 米川伸一，前掲書，pp. 2-5.
4) 杉山伸也（1989）「国際環境と外国貿易」梅村又次・山本有造編『開港と維新』岩波書店，p. 175.
5) Jones, Geoffrey. (1998) *The Multinational Traders,* Routledge, p. 5.
6) 米川伸一，前掲書，pp. 2-5.
7) Jones, Geoffrey., *op, cit.,* pp. 4-5.
8) 米川伸一，前掲書，p. 10.
9) 米川伸一，前掲書，p. 10.
10) 米川伸一，前掲書，p. 10.
11) Henriques, Robert., *op, cit.,* p. 19.
12) 吉原英樹（1987）「国際的にみた総合商社の経営史」『国民経済雑誌』（神戸大学）第156巻第 6 号，p. 114.
13) Morton-Cameron, W. H. and Feldwick, W. (1919), *Present day impressions of Japan : the history, people, commerce, industries and resources of Japan and Japan's colonial empire, Kwantung, Chosen, Taiwan, Karafuto,* Globe Encyclopedia, p. 245. なお、支店開設時までに、すでにサミュエル商会は日本にいくつかの代理店を設立していたといわれている。しかし、その実態はいまだ明らかにされていない。Howarth, Stephen.*op, cit.,* p. 35.
14) シェル興産株式会社（1990）『日本のシェル90年の歩み』p. 2. 帰国後、ミッチェルはチャータード・バンクの取締役に就任している。米川伸一，前掲書，pp. 8-10.
15) シェル興産株式会社，前掲書，p. 2. ならびに、Howarth, Stephen *op, cit.,* pp. 60-61.
16) なお、田中善助は1907年に商会を退社し、横浜電気鉄道会社、横浜商業銀行、日本臺灣茶株式会社、相模紡績株式会社の取締役、帝國製糖会社、日本芳醸会社、大安生命保険会社の監査役、横浜商業会議所の議員を務めている。日比野重郎（1918）『横浜近代史辞典（改題横浜社会辞彙）』復刻版：湘南堂書店，p. 591.
17) 森田忠吉編（1980）『横濱成功名譽鑑〈復刻版〉』有隣堂，p. 830. なお、この他に生糸商安藤商会を開いた安藤達二、中央生命保険会社を創立した近藤賢二など、日本実業界に大きな功績を残した人物がサミュエル商会から輩出された。

18）日比野重郎，前掲書，pp. 856-857.
19）シエル石油（1960）『1900－'60』p. 2. シェル興産株式会社，前掲書，p. 2. 絹手巾・染絹に関しては横浜市（1976a）『横浜市史 第5巻中』p. 219. を、生糸に関しては横浜市（1976b）『横浜市史 第5巻 下』p. 207. を、木材に関しては横浜市（1971）『横浜市史 第5巻上』p. 416. を参照されたい。
20）横浜市（1971），前掲書，p. 470. 日本支店開設の前に、父サミュエルによって、アサリース製紡績機械が日本に輸入されていたとも伝えられている。アサリース以外にも Messrs, Cammell, Laird & Co.、The Fairfield Shipbuilding Co.、D. & H. Haggie & Co.、Asa Lees & Co.、Petter & Co., Ltd.、The Blackman Export Co. など多くの有名企業の製品を機械部門は扱っていた。Morton-Cameron, W. H. and Feldwick. *op, cit.*, p. 245.
21）横浜市（1971），前掲書，pp. 481-482.
22）横浜開港資料館，（財）横浜開港資料普及協会（1998）『図説　横浜外国人居留地』有隣堂，p. 75.
23）神戸市（2000）『新修　神戸市史　産業経済編Ⅱ　第二次産業』pp. 490-491.
24）Morton-Cameron, W. H. and Feldwick, W., *op, cit.*, p. 793.
　　サミュエル商会は、Fireman's Fund Insurance Co. of San Francisco、The Marine North China Insurance Co. Ltd、The Liverpool & London & Globe Insurance Co. など各社の保険商品を扱っていた。
25）シエル石油，前掲書，p. 3.
26）『横浜貿易新報』1899年2月5日.
27）Morton-Cameron, W. H. and Feldwick, W., *op, cit.*, p. 791.
28）Morton-Cameron, W. H. and Feldwick, W., *op, cit.*, p. 245.
29）1889年8月に小泉新吉とサミュエル商会との間にかわされた契約は次のようなものであった。①輸入紡績機の代金をサミュエル商会の金融によって延べ払いする。②原料の輸入は同商会を通じておこなう。③製品は原料代金と差引計算で、同商会へ優先的に売却する。④機械代金を完済するまで、サミュエル商会は現物出資または工場担保の形式で経営に関与する。なお、都賀浜麻布会社にはランカッシャーボイラー3基、精紡機722錘、撚糸機30錘、織機40台が据え付けられていた。従業員数は男性40名、女性80名であった。詳細については「小泉製麻百年のあゆみ」編纂委員会編（1990）『小泉製麻　百年の歩み』小泉製麻株式会社，pp. 13-19. を参照されたい。
30）横浜市（1968）『横浜市史　第4巻下』p. 470.
31）サミュエル商会は板垣與吉との間に、茶箱罐筒製造の契約を結んでいた。契約では、茶箱罐筒製造に要する費用100円につき、80円を材料買入れのために渡すことになっていた。板垣はこの契約に基づき、数回に分けて製品を納

めた。しかし、サミュエル商会は板垣の同意を得ることなく、途中から8分金の支払いを停止した。このため板垣は材料の買入れに支障が生じ、請負い品の納入を止めた。これに対し、サミュエル商会側は違約金を理由に、納入された商品の代金90円余りの支払いを拒否した。横浜商業会議所（1973）『横浜開港五十年史（下巻）』名著出版，pp.651-652.
32) 横浜商業会議所，前掲書，pp.51-652.
33) 神戸市，前掲書，p.502.
34) 三井物産は、江戸時代屈指の豪商であった三井家の三井国産方と、井上馨、渋沢栄一らによって設立された先収会社が合併し、誕生した。
35) 安室憲一（1990）「英国企業のアジア進出」『世界経済評論』（世界経済研究協会）第34巻7号，pp.43. また、総合商社の多国籍化については安室憲一（1981）「総合商社の多国籍化」池本清，上野明，安室憲一『日本企業の多国籍的展開 海外直接投資の進展』有斐閣. を参照されたい。
36) その後、英国サミュエル商会は1965年にフィリップ・ヒル（Philip Hill）など複数の企業と合併し、ヒル・サミュエル＆カンパニー（Hill Samuel & Co. Limited）となった。1987年には、ＴＳＢグループの株式公開買付により、同社の傘下に入った。さらに1995年、ＴＳＢグループとロイズ・バンク（Lloyds Bank）が合併したことにより、ヒル・サミュエル＆カンパニーは、新会社ロイズＴＳＢ（Lloyds TSB.）の子会社となった。
37) 『横浜貿易新報』1926年5月6日。ここでの震災とは、1923年に発生した関東大震災のことである。
38) 日本石油株式会社（1958）『日本石油史』p.235.
39) モービル石油株式会社（1993）『100年のありがとう モービル石油の歴史』p.46.
40) スタンダード石油に関しては、井上忠勝（1987）『アメリカ企業経営史研究』神戸大学経済経営研究所，pp.81-106. を参照されたい。
41) モービル石油株式会社，前掲書，p.43.
42) モービル石油株式会社，前掲書，p.44.
43) 日支貿易会社は、アメリカ灯油の日本における最大の輸入商社であった。同社は当初、船具商、一般雑貨小売業、仲買業、競売業を営んでいたが、後に灯油の輸入で大きな実績を残した。モービル石油株式会社，前掲書，p.47.
44) モービル石油株式会社，前掲書，pp.53-55.
45) モービル石油株式会社，前掲書，p.47.
46) Sampson, Anthony. (1975) *The Seven Sisters The great oil companies and world they made,* Hodder and Stoughton, pp. 45-46. （大原進，青木榮一訳『セブン・シスターズ』日本経済新聞社，1976年，pp.52-53.）

47）石油連盟（1959）『石油100年の歩み』pp. 16-17.
48）石油連盟，前掲書，p. 15.
49）石油連盟，前掲書，p. 16.
50）日本石油株式会社編（1988）『日本石油百年史』p. 90.
51）井口東輔（1963）『現代日本産業発達史』交詢社出版，p. 92. ならびに、日本石油株式会社編（1988），前掲書，p. 91.
52）シェル石油，前掲書，p. 1.
53）なお、サミュエル商会が建造したタンカーには「タンク・クリーニングシステム」が採用されていた。帰路には砂糖や米、茶を運ぶことができ、船腹効率を上げる工夫がなされていた。Howarth, Stephen, *op, cit.,* p. 38.
54）日本石油株式会社編（1988），前掲書，pp. 236-237.
55）シェル石油，前掲書，p. 3.
56）井口東輔，前掲書，p. 106. 横浜の貯油槽の名義上の所有者は浅野石油部であったが、貯蔵される石油はサミュエル商会の所有であった。このため、同油槽所では、サミュエル商会と浅野石油部の関係者の立ち会いの下でタンクから所要量の石油が出され、缶入り箱詰めした後に浅野が代金を支払った。詳細については、横浜市（1968），前掲書，p. 547. を参照されたい。
57）シェル石油，前掲書，p. 3.
58）1900年頃、浅野石油部は東京において9軒の市中問屋および3軒の地方問屋と特約を結んでいた。また、名古屋に設置した支店においても、5軒の市中問屋と特約を結んでいた。横浜市（1968），前掲書，p. 547.
59）日本石油株式会社編（1917）『日本石油史』p. 609.
60）横浜市（1968），前掲書，pp. 548-549.
61）横浜市（1968），前掲書，pp. 548-549.
62）石油連盟，前掲書，pp. 18-19.
63）シェル石油，前掲書，p. 2.
64）シェル石油，前掲書，p. 2.
65）日本石油株式会社編（1988），前掲書，p. 91.
66）Sampson, Anthony, *op, cit.,* p. 46.（邦訳：pp. 53.） なお、タンカーに関しては脇村義太郎（1985）「両大戦間の油槽船」中川敬一郎『両大戦間の日本海事産業』中央大学出版部. を参照されたい。
67）Penrose, Edith T. (1968) *The Large International Firm in Developing Countries,* George Allen & Unwin Ltd, p. 105.（木内嶢訳『国際石油産業』東洋経済新報社，1972年，pp. 128-129.）
68）Sampson, Anthony, *op, cit.,* pp. 47-48.（邦訳：pp. 55-56.）
69）石油連盟，前掲書，pp. 18-19. ならびに Sampson, Anthony, *op, cit.,* pp. 47-48.

第3章　サミュエル商会の対日投資と現地経営

　　（邦訳：pp.55-56.）
70) Jones, Geoffrey. (2005) *Multinationals and Global Capitalism from nineteenth to the twenty first century,* Oxford University press, p.49.（安室憲一，梅野巨利訳『国際経営講義　多国籍企業とグローバル資本主義』有斐閣，2007年，p.65.）
71) 米川伸一，前掲書，pp.74-76.
72) 米川伸一，前掲書，pp.75-76.
73) 米川伸一，前掲書，pp.97.
74) 宇田川勝（1987a）「戦前日本の企業経営と外資系企業（上）」『経営史林』（法政大学）第24巻1号，p.17.
75) 内藤隆夫（2003）「石油産業における市場競争と販売網形成」中西聡，中村尚史編『商品流通の近代史』日本経済評論社，p.179.
76) 内藤隆夫，前掲書，pp.188-189.
77) 内藤隆夫，前掲書，pp.188-189.
78) 内藤隆夫，前掲書，pp.192-193.
79) 横浜市（1968），前掲書，pp.550-551.　なお，同社の株式引受状況は次のとおりであった。ジュリアス・ウィリアム・コップマン97,800株、エドウィン・ダン50株、ジョン・ハムモント・ファティーグ50株、隈本栄一郎50株、ジョン・フレテリック・ラウダー50株、大石嘉兵衛1,500株、馬越恭平500株。詳細については『東洋経済新報』1900年12月5日．を参照されたい。
80) 大石嘉兵衛は製茶貿易に従事していた人物である。
81) 日本石油株式会社編（1958），前掲書，p.220.　横浜市（1968），前掲書，p.551.
82) 日本石油株式会社編（1988），前掲書，p.126.
83) 井口東輔，前掲書，p.130.
84) 武藤健（1932）「日本に於けるゴム工業の過去、現在及び將來」『日本護謨協會誌』（日本護謨協會）第5巻第1号，p.10.
85) 従来、関税は缶入りの灯油が1ガロンにつき1銭6厘、無缶のもの（タンク油）が1銭と定められたが、1901年10月に缶入りが3銭2厘、タンク油が2銭に改められている。
86) 横浜市（1968），前掲書，pp.550-551.
87) シェル石油，前掲書，p.6.
　　ライジングサン石油の幹部は、デターディングの意思決定に対し反対の意見を主張していた。しかし逆に、1904年以降、原油輸入関税が石油輸入関税よりも軽課であるのにも関わらず、何ら行動を取らなかったことを非難されたという。橘川武郎（1995）「外国企業の日本市場参入とその発展に関する研究──戦前日本の外国石油会社──」『研究叢書』（青山学院大学総合研究所

経営研究センター）第4巻, pp.91-92.
88) 内藤隆夫, 前掲書, p.179.
89) 日本石油株式会社編（1958）, 前掲書, p.256.
90) シェル石油, 前掲書, p.6.
91) 井口東輔, 前掲書, p.137.
92) シェル石油, 前掲書, p.6.
93) 灯油含有量により、10ガロンにつき17～36銭の累進税が課せられていた。
94) シェル石油, 前掲書, p.6. なお、同工場は1921年に旭石油が借受け、軽油・潤滑油の精製を行っている。同工場で用いられる原油は、ライジングサン石油を通じて輸入された。このほか、ライジングサン石油は1915年には、横浜市高嶋町の油槽所内に中央製蝋所を設立し、ローソクを生産していた。中央製蝋所は工場建坪135坪、倉庫97坪という規模であった。1日の製造能力は1万ダース以上であった。大阪、青森、小樽などにも分工場を置いていた。詳細については、横浜市（1971）, 前掲書, p.461. を参照されたい。
95) 横浜市（1971）, 前掲書, p.468.
96) シェル石油, 前掲書, pp.2-5.
97) シェル石油, 前掲書, pp.7-8.
98) 横浜市（1971）, 前掲書, p.461.
99) 宇田川勝（1987a）, 前掲書, pp.26-27.
100) 橘川武郎（1995）, 前掲書, p.80.
101) シェル石油, 前掲書, p.7.
102) 橘川武郎（1995）, 前掲書, pp.83-86.
103) 川辺信雄（1982）『総合商社の研究──戦前三菱商事の在米活動──』実教出版, pp.54-60.
104) 川辺信雄, 前掲書, pp.69-70.
105) 橘川武郎（1995）, 前掲書, pp.89-90.
106) ＢＰの詳細については、梅野巨利（2002）『中東石油利権と政治リスク──イラン石油産業国有化紛争史研究』多賀出版. を参照されたい。
107) アクナキャリー協定（現状維持協定）については、Sampson, Anthony, *op. cit.,* pp.71-74.（邦訳：pp.82-90.）を参照されたい。
108) 橘川武郎（1992）「外国企業・外資系企業の日本進出に関する研究──国際カルテルと日本の国内カルテル・1932年の石油カルテルをめぐって──」『研究叢書』（青山学院大学総合研究所経営研究センター）第1号, pp.111-113.
109) 日本石油株式会社編（1988）, 前掲書, p.298.
110) 日本石油株式会社編（1988）, 前掲書, p.305.

111) 橘川武郎（1993）「1934年の石油業法の制定過程とロイヤル・ダッチ・シェル」『青山経営論集（季刊）』（青山学院大学）第28巻第2号, p.78.
112) 橘川武郎（1993），前掲書, p.87.
113) 大蔵省編（1969）『第二次大戦における連合国財産処理（資料編）』pp.317-319.
114) 横浜市（1996）『横浜市史Ⅱ 第1巻（下）』pp.998-999.
115) シェル興産株式会社, 前掲書, p.5.

第4章
英国B&Wの対日投資と現地経営

　本章では、第二次大戦前における英国バブコック・アンド・ウィルコックス（Babcock & Wilcox, 以下、英国B&Wと略す）の、対日ビジネスの歴史を取り上げたい。

　B&Wは1867年に米国で誕生したボイラー製造企業である。1891年に同社の英国子会社が独立し、英国B&Wが誕生した。英米両国の企業は、相互の連携を保ちながら、グローバル・ビジネスを展開した。

　ボイラー技術の進歩が原動機の発展に与えた影響、さらには原動機が19世紀以降の社会経済に与えた影響を考えると、当時のB&Wの存在が如何に強烈なものであったかが想像できるだろう。しかし、日本における同社の存在は、技術史の観点から取り上げられた研究はあるものの、経営史的な見地からの評価は未だなされていない[1]。

　そこで本章では、英国B&Wの対日投資の動機とは何か。日本における事業は如何なる目的のもとで、どのように展開されたのか。現地経営のどのような点に、成功と失敗のポイントがあったのか。以上のような疑問に対し、経営史的な視点からの考察を試みる。

1．B&Wの成立と発展

発明家バブコックとウィルコックス

　B&Wの歴史は、バブコック（Babcock, G. H.）とウィルコックス（Wilcox, S.）のふたりの技術者が、米国・ロードアイランド州にて、水管式ボイラーの発明に成功したことにはじまる。

　創業者のひとりであるバブコックは、1832年に米国ニューヨーク州ウナ

デラ・フォークにて生まれた。彼の父親は機械技師であり、また名の知られた発明家でもあった。その父親の影響もあったのだろう。彼もまた父親と同様に技術者としての道を歩んだ。発明家としてのバブコックの才能は、1851年にロンドンのクリスタル・パレスで開催された第一回万国博覧会において示された。彼はこの場に、父親と共に開発した多色刷りの印刷機を出品したのである。

このように、バブコックは機械技師としての人生を歩んだ。1860年代には、ロードアイランド州プロビデンスの船舶用部品メーカー、ホープ・アイロン・ワークス（Hope Iron Works）にて、製図主任として活躍していた[2]。

一方で、ウィルコックスは1830年に米国ロードアイランド州ウェストリーに生まれた。彼の幼少時代について、詳しいことはわかっていない。ただ、14歳の頃からバブコックと交流があったようである。

彼の名が世間に知られるようになったのは、1849年に熱機関の開発に成功してからであった。さらに1856年には、蒸気ボイラーの開発にも成功し、名声を高めた[3]。その後1866年にプロビデンスに移り住み、バブコックと蒸気ボイラーを共同開発するようになった[4]。この共同開発の成果が、世界のボイラー市場を席巻するB＆Wを生みだすことになった。

ボイラー技術の動向と水管式ボイラーの発明

ボイラーは密閉した容器内で水を加熱し、高温・高圧の蒸気を発生させる装置である。ボイラーでつくり出された蒸気は、各種蒸気機関の動力として用いられた。例えば1712年、イギリス人技師のニューコメン（Newcomen, T.）は、ボイラーで発生した蒸気を機関に送りこんでポンプを動かし、炭坑から水を汲み上げる機械を発明した。また、1774年にはイギリス人発明家ワット（Watt, J.）とボールトン（Boulton, M.）が蒸気機関の改良に成功し、往復機関、調速機、蒸気圧力指示計などの発明に成功した。

このように、ボイラーは18世紀初め頃から実用的なものになった。機関技術の発達とともに、ボイラーにも技術的な改良が加えられていった。

1800年代には、鉱山や工場などで用いられた円筒罐（コルニッシュ罐、ランカッシャ罐など）[5]や、汽車や船舶で用いられた多煙管罐（コクラン式堅罐など）[6]などが開発された。

　しかし、円筒罐は「やかんと大差のないもの」に過ぎず、また、多煙管罐にしても、円筒罐式ボイラーの欠陥を克服できるものではなかった[7]。機関技術の急速な発展に、ボイラー技術が追いつかないような状況であった。このような状況を打破したものが、バブコックとウィルコックスの発明品であった。彼らは、従来のものとは仕組みが異なる水管式ボイラーの開発に成功した。水管式ボイラーの詳細については、次項で取り上げることにする。

　先にも述べたように、ウィルコックスは1849年に熱機関の開発に成功していた。しかし、ボイラーの蒸気圧が低かったことから、機関の性能を十分に発揮することができなかった。そのため、彼はボイラー改良の必要性を痛感し、研究を重ねていた。そしてその努力は、バブコックとの共同研究により結実したのである。

　1867年、バブコック、ウィルコックス、そしてホープ・アイロン・ワークスの経営者であったマントン（Manton, J. P.）は、連名で水管式ボイラーに関する特許を取得した。マントンは工場設備の使用を許し、財務面で彼らの研究を支えた人物であった[8]。

　バブコック、ウィルコックスそしてマントンは、彼らの特許技術を活用するために、共同経営形態のバブコック、ウィルコックス・アンド・カンパニー（Babcock, Wilcox and Company）を設立した。この会社は、1870年代初めにマントンがパートナーシップから退くと、バブコック・アンド・ウィルコックスに社名を改めた。さらに、1881年にはパートナーシップ形態から脱し、法人組織のバブコック・アンド・ウィルコックス（Babcock & Wilcox. Co. 以下、米国B＆W）となった[9]。当初、同社は自らボイラーを生産する能力がなかった。そのため、既存のボイラー製造企業に生産を委託し、事業を展開した。

水管式ボイラーに秘められた可能性

　バブコックとウィルコックスが発明した水管式ボイラーは、1867年の完成以降も改良が加えられ、技術的な進歩を遂げた。ここでは、同社の代表的な製品のひとつであるW.I.F.（Wrought iron front）型ボイラーについて、山口の研究成果をもとに、製品特性をみておこう。製品構造あるいは製品の設計思想を理解することで、米国Ｂ＆Ｗが有する技術的な優位性を把握しておきたい。

　さて、W.I.F.型ボイラーは水平に置かれた円筒型のドラム、約15度に傾斜した水管の束、水管とドラムを接続するヘッダによって構成された。このボイラーはヘッダ部分が分割型であったことから、セクショナル・ボイラーと呼ばれた。セクショナル構造を持つことの利点には、次のようなものがあった。

　第1の利点は、安全性に関するものである。ボイラーの安全性に関する問題は、出力や効率性とともに重要なものであった。例えば、1882年から1890年にかけて、英国において2,951件のボイラー爆発事故が発生したが、これによる死者は951名、負傷者は2,056名であった[10]。ボイラーの運用は、人命に関わる問題を抱えていた。この問題に対し、W.I.F.型ボイラーは多数の水管で構成されているために、仮に水管が破裂しても、その被害を一部に留めることができた。爆発事故の被害を軽減することができ、ボイラーの安全性に関する信用が高められた[11]。

　第2の利点は、耐久性に関するものである。W.I.F.型ボイラーはヘッダが列ごとに独立に設置されていたため、寒暖の差によって生じる伸縮性の違いを水管ごとに吸収することができた。結果として、水管にかかる負荷を軽減し、製品そのものの耐久性を高めることができた[12]。

　第3の利点は、生産コストに関するものである。W.I.F.型ボイラーはセクショナル構造であるために、ヘッダに取り付ける水管やドラムの数を容易に変更することができた。これによって、ボイラーは必要負荷に応じて多様な出力を実現することができた。加熱面積で約78倍、毎時蒸気蒸発量では0.3t/hから23.15t/hまで、47段階もの設定が可能であった[13]。こ

の設計は米国B＆Wにコスト優位をもたらす可能性を有していた。つまり、米国B＆Wは出力に応じて製品を作り分けるのではなく、標準製品で低出力から高出力に至る幅広い市場に対応することができたのである[14]。W．I．F．型ボイラーは規格化された標準製品の大量生産が可能であり、それによる規模の経済を享受できる可能性を秘めていた[15]。

　このように、W．I．F．型ボイラーはセクショナル構造を有することで、他社製品と比べて高い安全性、耐久性、コスト優位を実現することができた。

　では、この技術的な優位性を活かすために、米国B＆Wはどのようにビジネス活動を展開したのだろうか。次にみていこう。

米国B＆Wとシンガー・ミシン

　米国B＆Wの発展に、大きな影響を与えた企業がある。シンガー・ミシンである。シンガー・ミシンは1853年に誕生した企業である。創業時、同社はニューヨークの小さな工場でミシンを製造していたが、次第にその販路を全米およびヨーロッパへと拡大した。1873年にはニュージャージ州のエリザベスポートに大規模な工場を建設し、ミシンの量産体制を整えた。同工場では部品の内製化を行い、一貫生産体制のもとで、鋳造や各種部品の生産、塗装、組立などを行っていた[16]。19世紀末までに、シンガー・ミシンは大規模な多国籍企業へと発展した。

　そのシンガー・ミシンと米国B＆Wの関係は、シンガー・ミシンのエリザベスポート工場に、米国B＆W製ボイラーが納入されたことにはじまる。この時に設置されたボイラーは、シンガー・ミシンの技術者であったベネット（Bennett, E. H.）によってヘッダ部分が改良され、技術的な進歩を遂げた[17]。シンガー・ミシンは米国B＆W製ボイラーを使用するなかで、その優秀性に気づき、将来性を見込んだ。シンガー・ミシンは1881年の米国B＆W法人化の際には、同社の株を一部保有し、経営に参加するようになった。米国B＆Wの社長にバブコック、副社長にウィルコックス、会計にプラット（Pratt, N. W.）、そして総務にシンガー・ミシンの技術者であったベ

ネットが就任した[18]。

　以降、米国Ｂ＆Ｗの事業活動はシンガー・ミシンとの結びつきを保ちながら展開された。ボイラーは、1901年にニュージャージ州ベイヨーンに米国Ｂ＆Ｗの直営工場が建設されるまで、シンガー・ミシンの工場で生産された[19]。

米国Ｂ＆Ｗの英国進出

　米国Ｂ＆Ｗは自社の活動地域を国内に留めることなく、ヨーロッパへと拡大した。会社を法人化した1881年に、同社は会計職にあったプラットをスコットランドに派遣し、グラスゴー支店を開設した[20]。では、なぜ米国Ｂ＆Ｗはグラスゴーへの進出を決断したのであろうか。

　その理由として、まず立地的な要因が考えられる。グラスゴーにはシンガー・ミシンの海外工場があった。1867年に建設された同工場は、初期の頃には米国から輸入された部品を用いてミシンを組立ていたが、やがて重量のあるミシン台を生産しはじめ、最終的にはミシン全体を現地生産するようになった。製品は英国国内での販売のみならず、そこからヨーロッパ諸国をはじめ、他の海外市場へも輸出された[21]。

　既述のように、米国Ｂ＆Ｗは1901年まで自社でボイラーの生産設備を持たず、その生産をシンガー・ミシンに委託していた。したがって、米国Ｂ＆Ｗの対英投資がシンガー・ミシンの英国製造工場を追従する形で展開されたことは、自然な流れであった。シンガー・ミシンもまた、1883年にキルボイにボイラー製造工場を建設するなど、ボイラー生産に積極的に関わった[22]。

　この他、米国Ｂ＆Ｗ製ボイラーが英国の現地企業と競争する上で、安全性、耐久性、コストなどの面で優れていたこと。英国市場での製品販売を企業外部の代理商などに委託するよりも、自ら流通・販売施設に投資しコントロールするほうが、製品差別化の上で有利であると判断したこと。さらには、プラットという海外拡張を推進できる、企業家精神あふれる人材が存在したことなどが、英国進出の前提条件としてあげられる。

その後、プラットは英国以外にもフランスやベルギーに海外支店を開設し、ヨーロッパ市場を開拓した。このように、米国Ｂ＆Ｗは1880年代から海外市場への進出を試みた。

英国子会社の独立と国際戦略

1891年、米国Ｂ＆Ｗは英国子会社を独立させ、新たに英国法人の英国Ｂ＆Ｗを設立した。Ｂ＆Ｗの社史を執筆したネルセン（Nielsen, M.）によれば、米国Ｂ＆Ｗが英国子会社を独立させた理由として、「国内および海外への拡張が非常に急速であり、資金面での問題が生じたため」[23]であったという。英国Ｂ＆Ｗは米国の親会社から独立し、英国および諸外国（キューバやプエルトリコを除く）の事業を引き継いだ。

ただし、英国子会社の独立により、米国本社との関係が途絶えたわけではなかった。経営史家チャンドラー（Chandler, A. D. Jr.）は「戦間期を通じてこの英国企業は、技術および販売協定を通じて米国の本家と密接につながっていた」[24]と述べている。両国企業は販売市場を分割したものの、技術を含めた経営資源の相互的な移転は継続的に行っていた。

その後、英国Ｂ＆Ｗは1922年までに、ベルギー、イタリア、オーストラリア、カナダ、メキシコ、ペルー、ブラジル、インド、中国、南アフリカ、ポーランド、日本に次々と海外事務所を設立した[25]。さらに、工場施設についても1930年までに英国に３つの工場を設けるとともに、フランス、ドイツ、オランダ、イタリア、スペインなどに工場を建設した。これらの積極的な海外拡張によって、「同社は米国の親会社よりも、大規模な多国籍企業となった」[26]。

なお、英国Ｂ＆Ｗは海外市場への参入方式として、輸出、現地生産以外に、技術供与を選択することもあった。例えば、ノルウェー、デンマーク、スウェーデン、フィンランド、オランダにおいては、現地企業に技術を供与し、市場に製品を供給した[27]。

2．英国Ｂ＆Ｗの日本進出

間接輸出から直接輸出へ

　米国Ｂ＆Ｗは、創設から間もなく海外市場への拡張を試みた。英国をはじめとするヨーロッパ市場は規模、成長性ともに有望であった。

　一方、英国から遠く離れた日本においても、ボイラー市場が芽生えていた。日本においては特に1880年代に、大阪紡績、鐘淵紡績、尼崎紡績など、大規模な紡績企業が勃興し、ボイラーの需要が高まっていた。

　このような市場の動向に商機を見出し、米国Ｂ＆Ｗ製ボイラーの日本代理店を営んでいたのが、ドイツ商人のムンスター（Munster, B. A.）であった。1887年、彼は横浜市山下町23番館に店を構え、米国Ｂ＆Ｗ製ボイラーの輸入・販売を行った。彼によってはじめて輸入されたボイラー7缶は、四日市製紙に3缶、北海道炭礦汽船に2缶、古川鑛業、東洋商会横浜に各々1缶が納入された。以後、1906年までの約20年間に、ムンスターよって販売されたボイラーの数は計353缶、合計伝熱面積で783,000余平方呎に及んだ[28]。このように、ムンスターは日本市場開拓の先鞭をつけた。

　しかし、その後ムンスターは自らの高齢を理由に、代理店経営から退くことを決めた。そして、英国Ｂ＆Ｗへ自らの店舗売却の話を持ちかけた[29]。ムンスターからの提案を受け、英国Ｂ＆Ｗは1906年に同社の技師であったメトカーフ（Metcalf, H. E.）を派遣し、調査にあたらせた。

　一般的に、他社を通じて製品を輸出する間接輸出は、輸出のための販売投資を節約できるというメリットがある。しかし、現地ユーザーのニーズがつかみにくい、広告宣伝、販売店助成、価格政策など、差別化マーケティングが実施しにくい、ユーザーへのアフターサービスや技術サービスを実施しにくいといったデメリットがある[30]。日本市場への間接輸出か直接輸出かの代替案選択を迫られ、メトカーフは直接輸出に切り替えるという選択を提案した。

　既述のとおり、日本においては工業化とともに急速にボイラーの需要が

高まりつつあった。また、政策的に外資の対日投資に門戸を開きつつあった[31]。これらマクロ環境の変化が、日本進出に積極的な影響を与えたのであろう。

日本総支社と三井物産

　1907年1月1日、ムンスター店跡にB&W日本総支社が開設された。英国B&Wの完全所有子会社であった。支社長にメトカーフ、支配人に田中辰之助、技師に柴田鑰次が就任した[32]。

　さて、日本でのボイラーの販売には、大きく分けて2つの経路があった。ひとつは総支社直接扱いのものであり、もうひとつは商社などの業者を介するものであった。総支社直接扱いの販売網としては、1910年1月に大阪出張所、同年2月に九州出張所が設立された。これにより、英国B&W製ボイラーの販売地域は、関西および九州にまで広がった[33]。

　一方、商社を介するものでは、三井物産が有力な取引相手企業となった。三井物産は創業以来、各省庁や企業などからの要請に応じて機械設備の輸入販売を行っており、大規模な機械取引を行っていた[34]。1882年に設立された大阪紡績へ英国プラット・ブラザーズ製紡績機械を納入したほか、鐘淵紡績、東京紡績、天満紡績、平野紡績など、主要な紡績会社に紡績機械を供給した[35]。紡績機械とセットでボイラーも納入されたことから、英国B&W製ボイラーも同社によって輸入された。三井物産の機械輸入高は、1910年に約1,100万円に上り、国内シェアは50％に達した。紡績機械の輸入額においては外国商社を圧倒し、ほぼ独占状態にあった[36]。

　英国B&Wは日本総支社設立後も、三井物産との取引関係を重くみた。三井物産の競争相手企業には5〜10％ほど高値で販売するなど、ほとんど一手販売のような関係であった[37]。一方、三井物産にとっても、英国B&Wは重要な取引相手であった。三井物産機械部においてB&W製ボイラーの取扱量は大きな比重を占めていた（表4－1を参照されたい）[38]。このように、日本市場における英国B&Wの販売活動は、三井物産との関係をもとに展開された。

表4－1．三井物産機械部におけるB＆W製品取扱量

	1938年上	1938年下	1939年上	1939年下
取引金額	1,985,305円	1,815,237円	1,373,973円	3,130,966円
全機械取引に占めるB＆W製製品の割合	8.38%	9.26%	5.14%	13.41%

出所）横浜市（1971）『横浜市史 第5巻上』，p.485. をもとに作成した。

大量販売体制の確立と日本市場

　日本市場へ進出後、B＆W日本総支社はボイラーの大量販売体制の構築を図った。しかし、その当初、ボイラーの円滑な供給は実現されなかった。1899年頃から、日本各地で汽罐取締法規が制定され、それが製品の納入を妨げていたのである[53]。

　例えば、東京府警視庁が定めた原動機取締規制は、機関およびボイラーを設置する場合には同庁の許可を得る必要があること、さらには年一回、官庁から派遣される検査官による定期検査を受けることが義務づけられていた。東京府警視庁の動きは他府県にも影響を与え、各地で原動機取締規則、汽罐汽機取締規則が制定された。全国統一の取締法規は、1935年まで制定されなかった[54]。これら法規の制定によって、製品納入の手続きが煩雑になるとともに、検査に時間を要した。

　このような課題を抱え、B＆W日本総支社大阪支店の技師長であったケルショウは、鐘紡の技師長であった高辻奈良造に、汽罐保険会社の設立を呼びかけた。英国においては、ボイラーの検査は民間の汽罐保険会社が代行しており、官庁が直接に検査を行う日本と比べて、円滑にボイラーが納入されていた。高辻もまた汽罐設置の際の複雑な手続きに不便を感じていた。

　そこで、高辻は警視庁の主任技師であった瓦斯紡績（後の富士紡績）技師長の芳賀惣治郎と、鐘紡の専務であった武藤山治にこの案を進言した。これに対し、両名は賛同の意を示した。さらに武藤は紡績連合会の首脳者

会合において、汽罐保険会社の設立を提案した。その場で出席者全員が賛成し、汽罐保険会社の設立準備が進められた[55]。

汽罐保険会社の特徴

ここで、英国で成立した汽罐保険会社の業務とその特徴について、確認しておこう。英国において、汽罐保険会社は1858年に誕生した。その誕生の背景には、蒸気機関の増加にともなうボイラー爆発事故の多発があった。英国紡績業の発祥地であるマンチェスターでは、ボイラーの破裂事故が多発し、事故対策が課題となった。そこで、破裂事故の防止と動力設備の経済的使用の指導を目的に、マンチェスター市蒸気使用者協会（The Manchester Steam Users' Association.）が結成された。同組織の会員は一定の料金を支払うことで、協会が雇用している専門技師から機関ならびにボイラーの検査と、その運転に関する指導を受けることができた[56]。

その後、同協会は事業を保険業務へと拡大し、1858年に世界最初の汽罐保険会社が設立された[57]。汽罐保険の業務は、その成立過程からもわかるように、爆発事故の予防が主なものであった。そのため、損害保険の支払いが主となる他の損害保険とは異なった性質を持っていた。

このような汽罐保険会社の設立は英国のみならず米国でも進められ、先進工業国において不可欠な存在となった。ボイラーや機関が普及するためには、汽罐保険会社の設立と法制度の改正が必要であった。

第一機関汽罐保険株式会社の創設

日本においては1907年9月、農商務大臣の発起許可を得て、第一機関汽罐保険株式会社（資本金50万円）が創立された。事務所は日本橋区坂本町23番地に置かれた。取締役会長に門野幾之進、専務取締役技師長に芳賀惣次郎、取締役に稲延利兵衛（富士紡績取締役）とケルショウ（B＆W日本総支社）、監査役に野上由貞とメトカーフ（B＆W日本総支社）が就任した。同社の発行株は総株数1万株であったが、そのうちの4,780株を英国人が所有した[58]。

第一機関汽罐保険の業務は、1909年頃から本格化した。当初は英国のような代行検査権が認められなかったため、業績は伸び悩んだ。しかし、1911年に汽罐汽機取締規則が改正されたのを機に、次第に各地で代行検査が認められるようになった。それにともない業績も安定をみた。配当金は1913年から5％を配当し、1922年には10％まで増配された。

　既述のように、汽罐保険は通常の損害保険とは異なり、汽罐の検査を主たる業務とした。したがって、保険金の支払いはほとんど行われなかった。例えば、創業から15年間の保険金の支払いは、1914年に一度だけ150円が支払われただけであった[59]。

　第一機関汽罐保険の事業は、大正期より軌道に乗りはじめた。しかし、興味深いことに、英国人株主は次第に同社の株を売却した。1914年には、英国人による持株数は初期の4,780株から2,907株に減った。当時の経営について、「創立後数年は会社の成績は不振で、毎期赤字決算を続けたため、イギリス人株主は総会のつど出席して経営者を追求、悩ました」[60]と伝えられている。このような不満が、同社への出資に影響を与えたと思われる。

　このような状況にあって、B＆W日本総支社からの役員は、1911年にケルショウが取締役を辞している。1917年には同社取締役に就任していたメトカーフも退任している。これにより、英国人重役は皆無となった[61]。

　B＆W日本総支社はボイラー保険会社の必要性を認識し、会社設立を促した。しかし、その保険会社の直接的な経営には深く関与しようとはしなかった。以降、保険会社は紡績関係者を中心に経営されていった。なお、同社は1944年に解散合併し、安田火災（現在の損害保険ジャパン）となっている。

工場設備の獲得

　1908年、日本総支社の設立から間もなく、英国B＆Wは横浜市磯子にあった禅馬ウォルクスリミテッドを買収した。同社は1900年に英国人によって創設された工場である。工具数は約20名で、船舶用機械部品の製作を主たる業務としていた。工場の敷地は約2,600坪あり、20坪の工場1棟のほか、

煉瓦造り２階建ての工場を有していた[39]。

　Ｂ＆Ｗ日本総支社による同工場の買収目的は、輸入ボイラーの修理および部品の製作にあった。ボイラーは輸送途中にストーカやエコノマイザといった鋳造品が破損することが多く、現地調達する必要があった[40]。Ｂ＆Ｗ日本総支社は既存の現地企業から鋳造部品を調達するのではなく、自ら内製することを試みた。なお、ストーカは1917年に、エコノマイザは1920年に、国産化に成功した[41]。

　禅馬ウォルクスリミテッドはＢ＆Ｗ日本総支社へ売却された後、禅馬ウォルクス株式会社（資本金７万３千円）と社名を改称した。初代支配人にブレナー、工場長に美吉広一が就任した。業績は順調に伸びた。同社は1915年に株式会社禅馬鉄工所と社名を変更し、さらに1920年には資本金を40万円に増資した。この間、工場施設の拡充も図られ、建坪2,000坪、建物18棟、工員数230名となった[42]。

　ところで、禅馬鉄工所ではボイラーの修理やボイラー関連部品の製作のみならず、工作機械も製作した。同社の工作機械は「ゼンマ・ウォルクス」の銘板をつけ、アルフレッド・ハーバード商会を通じて海軍工廠や砲兵工廠へ納入された[43]。日本において、工作機械工業は第一次大戦期に発展をみた[44]。禅馬鉄工所もまた同産業発展の一翼を担うものであった。

禅馬鉄工所における労使関係

　禅馬鉄工所では、どのような労務管理が行われていたのであろうか。1928年に実施された禅馬鉄工所「職工就業規則」[45]によると、禅馬鉄工所の職工は常雇職工、見習職工、臨時職工の３つの資格に分けられていた。そして、工場別に職長が置かれていた。新規に採用する職工の年齢は14歳以上50歳以下の義務教育を終えた者であった。ただし、50歳以上の者でも、特殊な技能を有する者、あるいは臨時職工である場合には、必ずしもこの規定には該当しなかった。

　見習職工は５年間の勤務を経て所定の技術を修得すれば、常雇職工に昇格することができた。賃金は時給制で、就業時間は約８時間であった[46]。

特殊な技能を有する者に対しては日給制であった。

このほか、1926年に実施された「職工扶助規則」[47]によれば、同社は、職工健康保険法に基づき、就労中の事故・疾病に対する治療費などの負担、退職手当などの福利厚生を定めていた。また、禅馬鉄工所には相互扶助を目的とした共済会制度も存在した。同工場の従業員は、すべてこの共済会に加入しなければならなかった。会員は時給の2時間分を会費として月末に納めていた。会社側も会員ひとりにつき幾らかの金銭を、同会に寄付していた。救済金は家族死亡の場合、兵事の場合（適令入営、戦時召集、演習召集）、災害時などに支払われた[48]。

事業の合弁計画

B＆W日本総支社は英国B＆Wの100％出資によって設立された。だが、やがて三井物産との間に事業合弁化計画が持ち上がった。

まず1910年、B＆W日本総支社は日本国内でのボイラー製造工場の建設を企画し、三井物産に対し資本参加の意向を打診した。資本金100万円のうち、10～15万円の出資を三井物産に促すものであった。商社側の出資比率が低いことから、販売取引の維持を目的とした合弁計画であったと思われる。

この案に対して、三井物産も前向きであった。同社は1910年2月22日の取締役会において、「バブコツクウイルコツクス水管式ボイラー製造工場ヲ日本ニ建設スルニ付投資ノ件」を議題に取り上げている。そしてその席で、同社の取締役・朝吹英二が「バブコツクウイルコツクスノ持株ハ可成之ヲ少クシ、且其株金ハ製品一手販売ヨリ受トル手数料ヲ以テ之ヲ償却スルコト」[49]とする意向を示した。その後三井物産において、同案は同月25日に仮決議された[50]。しかし、理由は定かではないが、この合弁参加の仮決議は後に白紙に戻され、実現に至らなかった。

また、1919年には三井物産側から禅馬鉄工所へ事業合弁化の申し出がなされた[51]。この時期、三井物産は第一次大戦期に得た潤沢な資金を積極的に活用しており、三機工業、東洋キヤリアー、東洋オーチスなど、次々と

三井系企業を設立していた。

　しかし、三井物産側からの合弁化の申し出は、B＆W日本総支社側が断ったことから破談となった。この時、合弁計画が進展しなかった理由として、ニコラス (Nicholas, S.) は日本企業のキャッチアップを目の当たりにし、英国B＆W側が現地生産に踏み切ることに躊躇したのではないかと考えている[52]。

　その後、B＆W日本総支社の日本工場は何度か工場設備の拡充を図るが、結局のところ、戦間期を通じての同工場の役割は、一部のボイラー部品の製作とボイラー修理に留まった。ボイラーは依然として英国本国から輸入されており、現地生産するには至らなかった。

3．国際情勢の変化と事業

日本におけるボイラー業界の動向

　B＆W日本総支社は販売組織の確立、三井物産との代理店関係の維持[62]、汽罐保険会社の設立などにより、日本市場の開拓に力を注いだ。その結果、累積販売台数は1907年に494缶、1912年に998缶、1916年に1,503缶、1921年に1,970缶、1926年に2,278缶と着実に増加した[63]。ボイラー市場は、紡績業の躍進と火力発電を中心とする電力産業の成長とともに拡大した。

　この間、三菱造船所、田熊汽缶製造、日立製作所など、日本企業によるボイラー生産も本格化した。このような日本企業は主として船舶用および汽車用ボイラーを製造していた。

　例えば、三菱造船所は1907年に三菱高島炭坑へのランカシャー・ボイラーの納入をはじめ、各種の陸用ボイラーを製作した。1914年には、英国企業のヤーローと技術提携を結び、船舶用の水管式ボイラーも製作した。しかし、後にワシントン軍縮条約（1922年）によって船舶用ボイラーの受注量が減少したことから、同社は産業用ボイラー市場に参入した。同社はB＆W日本総支社との競争に挑むために、1925年にドイツ企業デュルと技術提

携を結び、ボイラーの製造販売権を得た。さらには、三菱セクショナルボイラーの自社開発に成功し、販売量を伸ばした。1930年代には、「これまで国内で高シェアを誇る東洋バブコックと肩を並べ、斯界で一方の雄と言われるようになった」[64]。

　また、1912年には田熊常吉が、自ら発明したタクマ式ボイラーの事業化を試みた。彼は三井物産の支援を得ながら、ボイラーの設計・開発にあたった。1915年、ボイラーの発明に成功した田熊は、機械商社の高田商会に製造販売権を与え、販売高に応じて特許料を受け取るようになった。1916年には、特許権の保護を目的にタクマ式汽缶合資会社を設立した。

　だが、やがて田熊はライセンシングでは製品品質を上手く管理することができず、発明の成果を十分に活かすことができないことに気づき、自らボイラー事業に携わるようになった。1917年、彼は高田商会との製造販売契約を打ち切り、その後の事業をタクマ式汽缶合資会社で進めた。彼は汽缶の設計・製造を汽車製造に委託し、販売を伊藤長蔵商会に任せた。製造販売権を与えていた高田商会は特約店に指定した。さらに、1938年に田熊は安宅商会との折半出資により田熊汽缶製造を設立した。これにより、田熊は自らボイラーの製造・販売に乗り出した。

　タクマ式ボイラーは従来の水管式ボイラーの欠点であった缶水循環の問題を克服し、高い熱効率を実現した[65]。純国産である同ボイラーの技術的な優秀さは、B＆W製ボイラーとの学術的な比較実験によって証明された。例えば、京都帝国大学・工学部教授であった浜部源次郎らは、1919年に山陽紡績でB＆W製ボイラーとタクマ式ボイラーの比較実験を行っている。その結果、タクマ式ボイラーのほうが熱効率などで優れていると結論付けた[66]。田熊は、鉛粉蓄電池を発明した島津源蔵、人造真珠を発明した御木本幸吉らと並び、明治・大正年間の日本十大発明家のひとりとして数えられるようになった。

　しかし、タクマ式ボイラーはB＆W日本総支社の強力な販売網に阻まれ、国内市場を奪うことができなかった。そこで、田熊は台湾の製糖業者を中心にボイラーを販売し、足場を固めた。

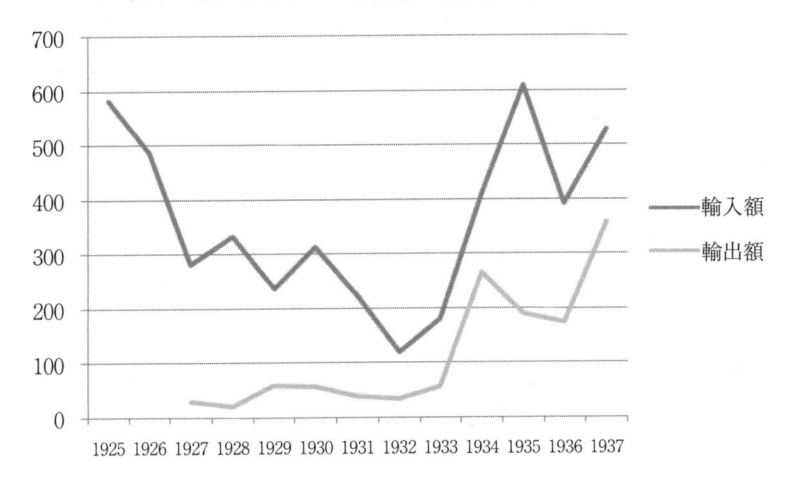

第 4 章　英国 B & W の対日投資と現地経営

表 4 － 2．ボイラーの生産額・輸入額・輸出額の推移

出所）横浜市（1980）『横浜市史　資料編 2　統計編』，p.227. をもとに作成。

　このほか、日立製作所は1927年に英国企業のヤーローと技術提携を結び、ボイラー市場への攻勢をかけた。当時、多くの電機メーカーが外国企業との間に提携を結び、技術や経営管理手法の導入を図るなかで、日立製作所は外資と距離を置き、技術の国産化を図っていた。同社の経営理念のなかに「やせても枯れても日本人の手で」というものがあった[67]。その同社が、ヤーローとの技術提携を選択したことは、珍しいことであった。ただ、ヤーローの技術は大容量化の問題を克服できなかった。そのため、日立製作所は1936年に提携を打ち切り、独自の開発を進めた[68]。

　このように、日本企業は海外有力企業との技術提携、あるいは国産技術の進展により競争力を高めた[69]。ボイラー市場に多数の企業が参入した結果、1929年より、国内のボイラーの生産額は輸入額を上回るようになった。1927年頃からは、海外への輸出も行われた（表 4 － 2 を参照されたい）。輸出額はしばらくの間は100万円を超えることはなかったが、1930年代半ばより急激に伸びた。輸出先は1930年代以前にはロシアが多く、1930年代以降は満州、関東州、中国が中心となった[70]。

B＆W日本総支社は、このような国内競合企業への対応を迫られた。第2章でも取り上げたように、この時期は多くの英国企業が日本企業からの競争圧力にさらされはじめた。B＆W日本総支社もまた、その例外ではなかった。

国際情勢の変化とその対応
　日本のボイラー市場は着実に拡大し、それにともないB＆W日本総支社の業績も好調に推移した。しかし、同社の将来は必ずしも保証されたものではなかった。カントリー・リスクを抱えていたのである。日本経済は1920年代から1930年代初頭にかけて、長期的な不況の時代を迎えた。このような経済情勢を背景に、外資系企業に対する圧力が高まりつつあった。それは日本政府による民族工業育成策や、外資系企業の規制へと発展した。
　このような情勢の変化を察知し、1928年に英国B＆Wは三井物産との間に再び現地子会社の合弁化交渉を行った。この時、交渉は上手く進み、契約を結ぶに至った。これによりB＆W日本総支社は解消され、新たに東洋バブコック株式会社（以下、東洋バブコック）が設立された。設立当初の資本金は175万円であった。英国B＆Wが105万円（60％）、三井物産が70万円（40％）を出資した。役員には、英国B＆Wからメトカーフとブリトン[71]が、三井物産から南條余雄、鳥羽總治が就任した[72]。そして、取締役会長に南條が、常務取締役にメトカーフが就任した。同社の設立趣旨についてメトカーフは次のように述べている。

「B＆Wと三井の合作になるこの新会社は東洋バブコック株式会社（略称TBK）と称する。従来B＆Wが日本に持っているボイラー等に関する一切の特許権は新会社に付与され、禅馬鉄工所も新会社に属する。土地6,000坪を隣接地に買収した。会社の出現はひとへに20年来のバブコック及び三井の協力の賜物であり、両社が片や時代の先端を行くボイラー製造業者としての知識、片や多面に亘り世界的名声を博する商事会社としての特徴を持つことにより結ばれた」[73]。

外資系企業への圧力が高まるなか、外国企業がとりえた対策の一つが、事業の合弁化であった[74]。これは英国B＆Wにも採用された。英国B＆Wは三井資本を受け入れ、三井系企業として現地経営を存続させることを選択した。

日英関係の悪化と市場からの一時的な撤退

東洋バブコックはボイラーの輸入販売のみならず、その他の製品の製作・販売をも行うようになった。例えば、同社は米国のドルやオリバーといった企業と技術提携を結び、下水浄化装置、鉱山機械、化学機械などを製作・販売した。事業の多角化を進めた[75]。

一方で、国内市場における東洋バブコックのボイラー販売シェアは、依然として6割から7割を占め、圧倒的な地位を維持した[76]。さらに、満州における重工業の発達によってボイラー市場が拡大したことから、業績は伸びた。満州経済の活況を受けて、同社は1935年に大連出張所を設けるなど、その需要に応えた。満州工業界に供給されるボイラーの99％がB＆W製となった[77]。1934年の英国B＆Wの営業報告書によれば、同社の海外事業の多くが為替管理や政治的な規制によって苦戦をしいられるなかにあって、日本における事業活動は良好であったという[78]。

業績の好調を背景に、東洋バブコックは1935年に資本金を225万円（英国B＆W150万円、三井75万円）に増資した。さらに、翌年にも300万円（英国B＆W200万円、三井100万円）へと増資した。1935年には、東洋バブコックの工場敷地は10,960坪、工場事務所398坪、工場面積4,292坪、工員数およそ800名となった[79]。

だが、創業以来の活況は長くは続かなかった。日英同盟の破棄（1922年）、満州事変の勃発（1931年）、日本の国際連盟の脱退（1933年）、日中戦争の勃発（1937年）とともに、日英両国を取り巻く国際関係は険悪なものとなった。その影響は、英国資本を有する東洋バブコックにも及んだ。戦時計画経済体制のもとで外国為替管理が強化され、ボイラーの輸入が制限されたのである。それにより、1938年にブリジストン久留米工場に納入された

W.I.F.型ボイラー1缶を最後に、製品輸入が途絶えた。ただ、大連経由での満州への輸出は比較的容易であったことから、急激に市場を失うことはなかったという[80]。

さらに、1939年に英独間で戦端が開かれると、ついに東洋バブコックは敵性財産支配法人とみなされるようになった。この頃より、東洋バブコックの英国人幹部は相次いで帰国した。また、1941年7月に外国人関係取引取締規則（資産凍結令）が施行されると、東洋バブコックの事業は完全に停止された。そして、1941年12月に対米英宣戦が告げられると、東洋バブコックは敵産管理法の適用を受け、その財産を日本政府の管理下に置かれた。英国B＆Wの所有する資産は、三井物産に委ねられた[81]。

このようにして、英国B＆Wは日本市場から一時的に撤退した。1942年11月、英国B＆Wが所有していた東洋バブコックの株式2万株は、三井物産に3,500株（旧所有分を含めて13,500株を所有）、石川島芝浦タービンに16,500株がそれぞれ譲渡された。そして翌月には、社名を東洋汽缶株式会社と改め、戦時経済下での事業を展開した。

なお、資産凍結時（1941年）時点での同社の資産は12,597,738円であった。それは接収された外国企業のなかで、ライジングサン石油（59,435,064円）、スタンダード・オイル（28,196,078円）、日本フォード自動車（19,794,526円）、日本ゼネラルモーターズ（13,045,052円）に次ぐ、5番目の規模であった[82]。

戦後の現地経営

英国B＆Wの経営権は、終戦後の1950年に復活した。戦後の日本は、経済復興とともに電力需要が急激に増加した。そこで、英国B＆Wはその需要に応えるために、総合電機メーカーである日立製作所との間に技術・資本提携を進めた。

ただ、資本提携に関しては、日立製作所がボイラー部門で競合関係にある東洋バブコックの株式を取得することになるため、独占禁止法に抵触する恐れがあった。そこで、日立製作所は日立ボイラを設立し、さらに1953

年、日立ボイラが東洋バブコックを吸収合併する形で技術・資本提携が結ばれた。社名はバブコック日立（資本金3億6千万円）と改められた。日立ボイラ、英国Ｂ＆Ｗが対等出資した[83]。

しかし、その後、英国Ｂ＆Ｗはバブコック日立への出資比率を低下させた。最終的に1987年に、英国Ｂ＆Ｗはバブコック日立の持分を手放し、日本市場から撤退した。こうして、英国Ｂ＆Ｗはおよそ80年にわたる現地経営の歴史に幕を下ろした。

なお、英国Ｂ＆Ｗ本社は1995年に三井造船に買収され、その傘下に収められた。同社は三井バブコックエナジーと社名を改めた。さらに、2006年、三井造船が事業用大型ボイラー事業からの撤退を決めたことから、三井バブコックエナジーは韓国の斗山重工業に売却されている。

要　約

以上、本章では第二次大戦前における英国Ｂ＆Ｗの対日投資の動機、日本での事業展開方法、現地経営における成功と失敗のポイントについて考察を加えてきた。ここでは本章で明らかになった点をいくつか取りまとめ、結びとしたい。

まず、英国Ｂ＆Ｗの対日投資の動機は日本市場の開拓にあった。同社は標準製品を大量生産しており、その販売市場を確保する必要があった。具体的に、現地代理店からの店舗売却の話があり、間接輸出から直接輸出への戦略転換を決意した。工業化とともに日本におけるボイラー需要が高まっており、早い段階から市場を押さえる必要があった。

英国Ｂ＆Ｗの日本における事業は、直接販売組織の確立、三井物産との関係の維持によって展開された。三井物産とはほとんど一手販売のような関係にあり、重要なパートナーであった。また、Ｂ＆Ｗ日本総支社は紡績業界関係者とともに汽罐保険会社の設立を促すなど、市場開発に専念した。そのほか、現地のボイラー部品製造会社を買収し、工場設備を獲得した。

このようなビジネス活動の結果、同社は日本市場において独占的な地位

を築くことに成功した。三菱造船所、田熊汽缶製造、日立製作所といった企業が外資からの技術供与や国産技術の開発により台頭するが、現地企業から市場を防衛した。

その後の国際情勢の悪化を背景に、外資に対する圧力が高まってくると、英国B＆Wは三井物産との合弁で東洋バブコックを設立した。現地資本を受け入れることで、現地のナショナリズムに対応しようとした。しかし、外資としての出自を払拭することはできず、最終的には日本政府に接収された。同社の戦後の経営は日立製作所との技術・資本提携により再開した。対日投資は1987年まで継続された。

注）
1）B＆Wボイラーの対日投資に関する先行研究には次のようなものがある。山口歩（1992）「1890～1930年の日本の火力発電所 ボイラー市場を Babcock & Wilcox が独占した過程とその技術的理由」『科学史研究』（日本科学史学会）第Ⅱ期第31巻181号．Nicholas, Stephen. (1989) "British Business in Japan, 1900-41 Origins, Evolution, and Operation" Yuzawa Takeshi and Udagawa Masaru (eds) *Foreign Business in Japan before WWII, International Business History Conference 16 th,* Tokyo University Press. 山口は技術史の観点からB＆Wの対日投資を取り上げている。また、ニコラスは英国本社の立場からB＆W日本総支社の活動を若干取り上げている。
2）バブコックに関する詳細については次の文献を参照されたい。The Babcock & Wilcox company (1931) *FIFTY YEARS of STEAM,* The Babcock & Wilcox company, pp. 10-12. なお、同書には「1855年のロンドン クリスタル・パレスの万国博覧会…（以下省略）」とあるが、1851年の誤りと思われる。
3）ウィルコックスは蒸気ボイラーに関する特許をスティルマン（Stillman, O. M.）との連名で取得している。この発明にスティルマンがどの程度関与したのかは定かではない。おそらく彼はウィルコックスに対し開発に必要な資金と、彼が経営する工場の一画を提供したのではないかと思われる。The Babcock & Wilcox company (1931), *op, cit.,* pp. 15-16.
4）ウィルコックスに関する詳細については、次の文献を参照されたい。The Babcock & Wilcox company (1931), *op, cit.,* pp. 14-16.
5）円筒缶は水の入った鋼製罐胴中に、罐胴前面の焚き口から伸びた煙管が貫

かれており、そこを火炎や高熱ガスが通って蒸気を発生させるものであった。構造が単純で、検査や掃除が容易であり、耐久性も高かった。しかし、発生蒸気量が少なく、高圧蒸気を作ることができなかった。なお、幕末から明治初期にかけて、円筒型のボイラーは長崎製鉄所（後の三菱長崎造船所）、富岡製糸場、抄紙会社（後の王子製紙）などが導入している。詳細については、東京都北区教育委員会生涯学習部生涯学習推進課（1998）『東京砲兵工廠銃包製造所　汽罐および鋼製耐震煙突　調査報告書』、文化財研究紀要別冊第12集、pp. 24-25. を参照されたい。

6) 多煙管罐は罐胴内部に通す煙管を多数の細い管にしたものであった。構造は複雑で燃料を大量に消費するが、大量の高圧蒸気を発生させることができた。詳細については、東京都北区教育委員会生涯学習部生涯学習推進課、前掲書、p. 24. を参照されたい。

7) The Babcock & Wilcox Company (1967) *The Babcock & Wilcox Story / 1867-1967*, p. 2.

8) The Babcock & Wilcox. (1931), *op, cit.,* p. 18.

9) The Babcock & Wilcox. (1931), *op, cit.,* pp. 18-22.

10) Babcock & Wilcox, Limited.and The Babcock & Wilcox Company. (1922) *Steam: Its Generation and Use*, p. 37.

11) 山口歩、前掲書、p. 11.

12) 山口歩、前掲書、p. 11.

13) 東京都北区教育委員会生涯学習部生涯学習推進課、前掲書、p. 36.

14) 山口歩、前掲書、p. 11.

15) 「規模と範囲の経済」については Chandler, A. D. Jr. (1990) *Scale and Scope: The Dynamics of Industrial Capitalism,* Harvard University Press.（安部悦生、川辺信雄、工藤章、西牟田祐二、日高千景、山口一臣訳『スケール・アンド・スコープ』有斐閣、1993年）を参照されたい。

16) 桑原哲也（2002）「初期多国籍企業の対日投資と民族企業――シンガー・ミシンと日本のミシン企業、1901年～1960年代――」『国民経済雑誌』（神戸大学）第185巻第4号、p. 46.

17) The Babcock & Wilcox. (1931), *op, cit.,* pp. 25-26.

18) The Babcock & Wilcox. (1931), *op, cit.,* p. 43.

19) ベイヨーン工場の建設には、シンガー・ミシンから一部資金が提供されていた。Chandler, A. D. Jr., *op, cit.,* p. 68.（邦訳：p. 54.）

20) The Babcock & Wilcox. (1931), *op, cit.,* p. 45.

21) Jones, Geoffrey. (1995) *The Evolution of International Business An Introduction,* International Thomson Business Press, pp. 100-101.（桑原哲也、安室憲一、川辺

信雄，榎本悟，梅野巨利訳『国際ビジネスの進化』有斐閣，1998年，pp. 114-115.)
22) The Babcock & Wilcox. (1931), *op, cit.*, p. 45.
23) Nielsen, M. (1967) *The Babcock & Wilcox Company 1867-1967 A Century of Progress,* The Babcock & Wilcox Company, p. 9.
24) Chandler, A. D. Jr., *op, cit.*, p. 339.（邦訳：p. 284.）
25) Babcock & Wilcox, Limited, and The Babcock & Wilcox Company, *op, cit.*, pp. 5-9.
26) Chandler, A. D. Jr., *op, cit.*, p. 784.（邦訳：p. 697.）
27) 各国ごとの技術供与先企業は次の通りである。ノルウェー： Thunes, Mekaniskeverksted、デンマーク： Aktieselskabet Burmeister & Wain's Maskin- og-Skibsbyggeri、スウェーデン： Aktiebolaget Gotaverken、フィンランド： Maskin & Brobyggnads, Aktibolaget、オランダ： Gebr. Stork & Co. Babcock & Wilcox, Limited, and The Babcock & Wilcox Company, *op, cit.*, p. 5.
28) バブコック日立株式会社（2000）『日立のボイラ100年史』p. 159. なお、1887年〜1906年にかけてのB&Wボイラーの納入先としては次のようなものがわかっている。1887年：Toyo Shokai Yokohama、1896年：Tokyo Elect. Light Co.、1898年：Tokyo Higher Tech, Schil、1900年：Tokyo Biscuit Factory, Tokyo Naval Arsenal.、Tokyo Military Arsenal, Tokyo Municipal Elect. B、1901年：Tokyo Elect. Light Co.、1902年：Tokyo Military Arsenal, Tokyo Naval Arsenal、1903年：Tokyo Municipal B.、1904年：Tokyo Elect. Light Co., Tokyo Municipal Elect. B., Tokyo Military Arsenal、1905年：Tokyo Elect. Light Co.、1906年：Tose Elect Rly. Co., Tientsin Industil Corpn., Tokyo Eng College. 詳細については、東京都北区教育委員会生涯学習部生涯学習推進課，前掲書，p. 31. を参照されたい。
29) Nicholas, Stephen, *op. cit.*, pp. 74-75.
30) 吉原英樹（2001）『国際経営』有斐閣，pp. 80-85.
31) 宇田川勝（1987a）「戦前日本の企業経営と外資系企業（上）」『経営史林』（法政大学）第24巻1号，p. 17.
32) バブコック日立株式会社，前掲書，pp. 159-160.
33) バブコック日立株式会社，前掲書，p. 160.
34) 三井物産の機械取引に関する詳細については、麻島昭一（2001）『戦前期三井物産の機械取引』日本経済評論社. ならびに、梅井義雄（1974）『三井物産会社の経営史的研究』東洋経済新報社. を参照されたい。
35) プラット・ブラザーズについては、Eastham, R. H. (1994) *Platts: Textile Machinery Makers.* を参照されたい。

36) 栂井義雄，前掲書，pp.33-34.
37) 横浜市（1971）『横浜市史 第5巻上』p.486.
38) 横浜市（1971），前掲書，p.485.
39) バブコック日立株式会社，前掲書，p.160.
40) バブコック日立株式会社，前掲書，p.160.
41) バブコック日立株式会社，前掲書，p.161.
42) バブコック日立株式会社，前掲書，pp.160-161.
43) バブコック日立株式会社，前掲書，p.161.
44) 日本における工作機械の発展については，沢井実（1981）「第一次大戦前後における日本工作機械工業の本格的展開」『社会経済史学』（社会経済史学会）第47巻第2号，pp.155-180．を参照されたい。
45) 株式会社禪馬鉄工所（発行年不明）『職工就業規則 職工扶助規則』（横浜開港資料館所蔵）pp.1-19.
46) 就業時間は，1月7日から1月15日までが，午前8時から午後5時まで，1月16日から12月30日までが午前7時30分から午後4時までとなっていた。
47) 株式会社禪馬鉄工所，前掲書，pp.20-37.
48) 株式会社禪馬鉄工所，前掲書，pp.34-37.
49) 三井文庫（1980）『三井事業史 本篇 第三巻上』pp.95-96.
50) 三井物産会社（発行年不明）「取締役会議録」第二号．（三井文庫所蔵史料 物産2010）
51) 詳細については Nicholas, Stephen *op, cit.,* pp.75-76．を参照されたい。
52) Nicholas, Stephen. *op, cit.,* pp.75-76.
53) 株式会社ライフ（1990）『安田火災百年史』pp.287-288.
54) 株式会社ライフ，前掲書，p.287.
55) 株式会社ライフ，前掲書，p.288.
56) 株式会社ライフ，前掲書，p.286.
57) 英国におけるボイラー保険については，Raynes, Harold E. (1964) *A History of British Insurance,* Sir Issac Pitman & Sons Ltd, pp.284-286．（庭田範秋監訳『イギリス保険史』明治生命100周年記念刊行会，1985年，pp.376-380．）を参照されたい。
58) 株式会社ライフ，前掲書，pp.285-286.
59) 株式会社ライフ，前掲書，pp.288-291.
60) 安田火災海上保険株式会社（1968）『80年史 安田火災海上保険株式会社』p.429.
61) 株式会社ライフ，前掲書，pp.289-291.
62) Ｂ＆Ｗと三井物産の関係は Confidencial Agreement であった。詳細につい

ては、横浜市（1971），前掲書，p.485. を参照されたい。
63）東京都北区教育委員会生涯学習部生涯学習推進課，前掲書，p.28.
64）三菱重工業株式会社（1981）『三菱神戸造船所75年史』pp.376-378.
65）詳細については、株式会社タクマ社史編纂委員会（1989）『タクマ50年史』pp.14-16. を参照されたい。
66）株式会社タクマ社史編纂委員会，前掲書，pp.31-38.
67）四宮正親（1994）「戦前日本における企業経営の近代化と外資系企業」『経営史学』（経営史学会）第29巻第3号，pp.51-52.
68）バブコック日立株式会社，前掲書，p.155.
69）詳細については、山口歩（1993）「戦間期の日本におけるボイラー製造業の発展について」『科学史集刊』（東京工業大学）第12巻，pp.55-65. を参照されたい。
70）山口歩（1993），前掲書，p.59.
71）ブリトンは元日本郵船の社員であった。1905年には信濃丸の機関長を務めており、バルチック艦隊発見の功績により旭日章を授与された。1909年に禅馬鉄工所の支配人に就任した。後に彼は横浜市の名誉顧問を務めるなど、日本の事情に深く精通していた。詳細については、バブコック日立株式会社，前掲書，pp.162-167. を参照されたい。
72）バブコック日立，前掲書，p.168.
73）バブコック日立，前掲書，p.168.
74）Nicholas, Stephen, *op, cit.*, pp.75-76.
75）バブコック日立，前掲書，p.168.
76）『時事新報』1934年10月30日。
77）バブコック日立，前掲書，p.169.
78）Babcock & Wilcox Limited. (1934) *Balance sheet, 31st December.*
79）バブコック日立，前掲書，p.169.
80）バブコック日立，前掲書，pp.169-170.
81）バブコック日立，前掲書，pp.170-171.
82）大蔵省編（1969）『第二次大戦における連合国財産処理（資料編）』pp.317-319.
83）バブコック日立，前掲書，pp.178-179.

第5章
ダンロップの対日投資と現地経営

　本章では、第二次大戦前におけるダンロップ（Dunlop Rubber Co.）の対日ビジネスの歴史をたどることにする。

　ダンロップは、1889年にアイルランド・ダブリンにて誕生したタイヤ・ゴム製品製造企業である。獣医ダンロップが発明した空気入りタイヤの事業化を目的に、設立された。同社は世界的な自動車の普及とともに、事業を拡大した。1890年代には、米国、ドイツ、フランスといった国々に自社工場を建設し、国際的なビジネス活動を展開した。「ダンロップ」の名は、今日でも自動車タイヤをはじめ、多くのゴム製品のブランドとして広く知られている。

　同社は1900年代に日本への進出を果たし、対日ビジネスを展開した。しかし、同社の歴史を取り上げた研究は少なく、現地経営の内容について不明な点も多い[1]。

　そこで、本章ではダンロップの対日投資の動機とは何か。日本における事業は如何なる目的のもとで、どのように展開されたのか。現地経営のどのような点に、成功と失敗のポイントがあったのか。以上のような疑問に対し、経営史的な視点から考察を試みる。

1．ダンロップの成立と発展

空気入りタイヤの発明と事業化への試み

　ダンロップの歴史は、1888年にアイルランド・ベルファストにて、獣医ダンロップ（Dunlop, J. B.）が、空気入りタイヤを発明したことにはじまる。ダンロップは1840年に英国スコットランド・エアシャーのドレグホーンに

生まれた。生家は農家であった。彼はエディンバラ獣医大学に進学し、卒業後に獣医となった。その後、1867年に、北アイルランドのベルファストに居を移し、獣医として活動した。その地で、彼は空気入りタイヤの発明に取り組むことになった。

ダンロップが空気入りタイヤの発明に取り組んだ切っ掛けは、10歳になる息子から、三輪車の改造を頼まれたことにあった[2]。当時、馬車や自転車には総ゴムのソリッドタイヤが取り付けられていた。ソリッドタイヤは中実構造のために耐久性に優れていたものの、衝撃や振動といった点に問題があった。ダンロップはこの問題を解決すべく実験を重ねた。その過程で、彼はゴムチューブとゴムを塗ったキャンバスで、中空構造のタイヤをつくることを思いついた。彼が試作した空気入りタイヤは、それまでのソリッドタイヤと比べて軽く、また、衝撃を吸収することができた。ダンロップは1888年12月にこのタイヤの特許を取得した。そして、既存の自転車業者の協力を得ながら、空気入りタイヤの実用化を目指した[3]。

ダンロップが発明したタイヤの名は、1889年6月に行われたサイクルレースにおいて大衆に知られるところとなった。それまで無名の選手であったヒューム（Hume, W.）が、ダンロップタイヤを採用しレースに出場したところ、強豪選手を相手に圧倒的な強さで大会を制したのである。このような輝かしい実績により、発明品は広く認知された[4]。

空気入りタイヤは、やがてその商業的価値を見出された。スポーツ愛好家やサイクリング誌の発行人、新聞ジャーナリスト、自転車販売業者らの協力を得て、会社設立の準備が進められた。この時、事業化に向けての中心的な役割を果たした人物がデュクロ（Du Cros, W. H.）であった。彼はユグノーを祖先にもつアイルランド人であった。紙袋製造業を営む傍ら、アイルランド・サイクリスト協会の会長を努めていた。

こうして、デュクロ主導のもと、1889年11月18日にダブリンにて、資本金2万5,000ポンドのニューマチック・タイヤ（Pneumatic Tyre and Booth's Cycle Agency）が設立された[5]。このとき、ダンロップには額面1ポンドの株式3,000株と現金300ポンドが与えられた[6]。ニューマチック・タイヤ

は、出資者のひとりである自転車製造者の工場で事業をはじめた。

外部からの特許技術の導入

　ニューマチック・タイヤは会社設立から間もなく、企業外部からさらなる特許技術の取得を試みた。そのなかでも注目すべきものは、タイヤ取り付けに関する特許技術であった[7]。

　ひとつは、ウェルチ（Welch, C. K.）が発明したワイヤドオン方式（針金式）と呼ばれる技術であった。これは、タイヤの縁にワイヤーがあり、これをチューブの空気圧で内側から押しつけ、タイヤとリムを固定するという仕組みのものであった。この権利取得のために、ニューマチック・タイヤはウェルチに5,000ポンドの対価を支払うほか、彼をテクニカルアドバイザーとして会社に招いた。ウェルチの特許技術を活用したタイヤは「Dunlop-Welch」の名で販売された[8]。

　もうひとつの特許技術は、バートレット（Bartlett, W. E.）が発明したビーデッドエッジ方式（引掛式）と呼ばれる技術であった。これは、リムにはめ合わされる部分にワイヤーが入っており、チューブが完全にタイヤの中に包まれる構造となっていた。ニューマチック・タイヤはこの技術を使用するために、バートレットに対して英国での特許使用料を支払うほか、タイヤをひとつ生産する毎に対価を支払った。このように、ニューマチック・タイヤは設立から間もなく、企業外部からタイヤ取り付けに関わる特許使用権を獲得した[9]。

　この意思決定は、同社の存続・発展にとって重要な意味をもつことになった。実は、ダンロップが発明した空気入りタイヤは、スコットランド出身の鉄道技師トムソン（Thompson, R. W.）が既に発明に成功し、特許を取得していたことが後に明らかになったのである。トムソンが空気入りタイヤの発明に成功したのは、ダンロップが発明に成功する40年以上も前の1845年であった。そのため、ダンロップの取得した特許は1892年に無効となった。したがって、ニューマチック・タイヤにとって、外部から導入した特許技術が、初期のビジネスでの中核技術となった。なお、ウェルチと

バートレットの特許は1904年に期限を迎え、その権利を失った[10]。

企業規模の拡大

　1893年、ニューマチック・タイヤは主要工場を、アイルランド・ダブリンからイングランドのウェスト・ミッドランド州コベントリーに移した。ナフサやゴムなどの異臭に対する周辺住民からの苦情が、その理由であった[11]。ただ、コベントリーは自転車産業の中心地であった。そのため、自転車関連企業のネットワークが存在するこのような場へ立地条件を変更したことは、ニューマチック・タイヤの発展にとって積極的な意味を持った。

　コベントリーへ移転後も、ニューマチック・タイヤは順調に利益を上げた。1889～96年の間に、同社は株主に対し総額65万8,123ポンドの配当を支払っているが、これはその時点での出資額26万ポンド（増資払込分を含む）のおよそ2.5倍に相当する額であった[12]。事業は軌道に乗りはじめ、創業者らの夢であった空気入りタイヤの事業化が、実現されつつあった。

　ところが、このような成功にも関わらず、発明者のダンロップは1895年に会社経営から退いた。自らの発言権の低下が辞職の原因ではないかと考えられている[13]。創業からしばらく経ちビジネスが軌道に乗りはじめると、発明家としてのダンロップの存在は薄れつつあった。対照的に、企業家としてのデュクロの役割が重要なものとなった。ダンロップ自身もそのことに気づいていたのであろう。ダンロップは会社設立からわずか6年で、タイヤ・ビジネスの世界から身をひいた。その後、彼は再びアイルランド・ダブリンに戻り、服地類販売店（Todd, Burns & Co.）のチェアマンとして、新たな人生を歩んだ。

　ダンロップが退社した翌年、デュクロは会社組織を改め、新たに資本金500万ポンドのダンロップ・ニューマチック・タイヤ（The Dunlop Pneumatic Tyre Co. 以下、ダンロップ）を設立した。ダンロップの名は創業者の一員としての功績が讃えられ、社名のなかに残された。

　新会社へ移行後、デュクロは企業規模の拡大を図った。旧会社時代、同社は既存のゴムメーカーから部品を購入し、それを工場で組み立てて販売

第5章　ダンロップの対日投資と現地経営

していた。しかし、新会社となる頃より、既存のゴムメーカーを買収し、事業の垂直統合を進めた。さらには、タイヤ以外の一般ゴム製品もつくりはじめ、事業の多角化を進めた。同社は総合ゴムメーカーとしての道を歩みはじめた。

　なお、1900年には同社は本社をウェスト・ミッドランド州バーミンガムへ移転した。工業都市であり、交通の要所でもあったバーミンガムから、事業の世界展開を図った。

ダンロップの海外展開

　ニューマチック・タイヤの時代から、同社の空気入りタイヤはフランス、ドイツ、米国といった国々へ輸出されていた。これらの国々は比較的に高い所得者層を有していたことから、ダンロップにとって魅力的な市場であった。タイヤは現地の代理店を通じて、市場に供給された。

　しかし、やがてダンロップはこれらの市場に対する参入様式の変更を迫られた。その理由のひとつが、現地国における特許制度の問題であった。フランスやドイツにおいては、現地国で活用されていない特許が失効する恐れがあった[14]。当該国で取得した特許権を保護するためには、現地国で製品を生産する必要があった。そこで、ダンロップは現地企業に生産販売権を与え、特許権を保護しようとした。

　例えば、フランスにおいては、1892年にタイヤの輸入販売業者であった自転車メーカー・クレマーや、その他の企業との間に契約を結び、新会社を設立した。ニューマチック・タイヤは新会社の株式の3分の1を取得するほか、ロイヤリティを受け取ることで、同社に特許使用を認めた。また、ドイツにおいても1892年に現地企業と共同で、タイヤの現地生産に着手した[15]。このように、ダンロップにとって特許保護が、海外進出の動機のひとつとなった。

　ダンロップが海外市場での参入様式の変更を決意したもうひとつの理由は、関税障壁への対応であった。米国においては1890年にマッキンレイ関税が制定され、輸入自転車ならびにその部品にかかる従価税率が35％から

121

40％に引き上げられた。そこで、ニューマチック・タイヤはシカゴのフェザーストンとの間にライセンス契約を結び、現地市場への製品供給を試みた。

このように、ダンロップは次第に輸出からライセンシングへと海外戦略を転換していった。ライセンシングによる海外市場への進出は、1894年にカナダ、1899年にオーストラリア、1910年にロシアでも展開された。初期には、ダンロップは海外の冒険的な事業に対して、資本参加を最小限にとどめることを選択した[16]。

ところが、ライセンシングによる海外戦略は長くは続かなかった。例えば、米国においては、1893年に現地企業とのライセンス契約を打ち切り、完全所有子会社を設立した[17]。フランスにおいても、1909年に現地企業の経営支配権を握り、完全所有子会社とした。ドイツにおいても、1910年に現地企業を完全所有会社とした。ダンロップはライセンシングにより現地市場へ参入した後、現地市場に可能性や将来性があることを確認すると、直接投資へと参入様式を変更した[18]。このように、ダンロップは輸出からライセンシング、そして直接投資へと海外戦略を転換し、世界各国に子会社を抱える多国籍企業へと発展を遂げた。

2．ダンロップの対日戦略

日本市場の開拓

日本市場に対して、ダンロップは1903年より一般ゴム製品を、1906年より自転車用タイヤを、極東総代理店であったグリア商会を介して販売した[19]。グリア商会はロンドンに拠点を置く貿易商社であった。H・グリア（Greer, H.）、W・グリア（Greer, W.）の兄弟が会社を経営していた。

当初、日本におけるゴム消費量はそれほど多くはなかった。1886年に、日本初のゴム製造会社・三田土護謨が創業したが、1900年までその他に目立った企業が誕生することはなかった[20]。ゴム需要が増加するのは、日露戦争後（1904～05年）からであった。ゴム製品の輸入額は、1905年に68万

1千円、1906年に69万6千円、1907年に72万5千円、1908年に82万1千円となった[21]。グリア商会はゴム市場が成長しつつある時期に、製品を供給した。

ところが、やがてゴム製品の輸出に不利な状況が生じた。1905年、非常特別税法の改正により、自転車タイヤに対する従価税率が、これまでの25％から35％に引き上げられたのである。さらに1906年には、関税定率法が改正され、同税率は40％となった。日米通商航海条約の改正により、1911年には協定関税制が廃止されることが決まっていたことから、関税はさらに引き上げられることが予想された[22]。こうして、米国と同様に日本においても、ダンロップは関税障壁の問題に直面した。一方で、原料である生ゴムにかかる関税は、1906年に従価税率5％であったものが無税となった。そのため、国内生産に有利な状況となった。

ダンロップの日本進出

輸出による対日戦略が岐路を迎えたこの時、日本国内からダンロップと技術提携を結び、ゴム製品ならびに空気入りタイヤの生産を企てる動きが生じた。大倉組の大倉喜八郎、蔵相の阪谷芳郎、フランス人のルーネン、英国人のミルワード（Milword, G.）、そしてダンロップ製品の極東総代理店であったグリア商会がその企画者であった。

まず、彼らはダンロップと同一資本系列にあるイングラムと提携し、現地生産することを企てた。彼らはグリア商会の名前で工場設置の申請を行い、許可を得た。諸事情により日仏の資本参加が得られなくなるが、グリア商会を中心とする英国資本によって、計画は進められた[23]。そして1908年、グリア商会とイングラムの提携による日本イングラム護謨製造（資本金20万円、以下、日本イングラム）が設立された。同社の支配人には、イングラム社長の子息が就任した。工場は神戸近郊の尻池村に建設された。工場で用いられる機械設備は英国から取り寄せられた。従業員は英国人技師を含め30数名という規模であった。人力車用のソリッドタイヤ、インサーションラバー、ラバーシーツ、スポイド、指サックなど、一般ゴム製品が

生産された[24]。

　ダンロップとの技術提携はこれにとどまらなかった。さらに、空気入りタイヤの生産準備が進められた[25]。まず、1909年春にグリア兄弟と、ダンロップの創業者一族であり、社長の座にあったデュクロ（Du Cror, A.）[26]が出資し、香港にザ・ダンロップ・ラバー・カンパニー（ファー・イースト）リミテッドを設立した。同年10月には、同社の支店として、神戸市浪花町62番地にダンロップ護謨（極東）日本支店を設立した[27]。この時点で、ダンロップそのものは資本参加に消極的であり、技術援助にとどまった[28]。ダンロップ護謨（極東）日本支店の詳細については、次項に譲ることにする。

　こうして、ダンロップは欧米諸国への進出と同様に、日本においても技術提携による現地生産を選択した。日本においては日本イングラムが工業用・医療用ゴム製品を、ダンロップ護謨（極東）日本支店が空気入りタイヤの生産を行うという体制が確立された。

　両社の製品はグリア商会の販売網を通じて、市場へ供給された。グリア商会は日本をはじめ、インドネシア、マレー半島、タイ、フランス領インドシナ、フィリピン、中国、満州、関東州など、アジア各地を販売エリアとしていた[29]。そのため、日本イングラム、ダンロップ護謨（極東）日本支店の両社は、会社設立時からアジア市場を視野に入れ、事業を展開することになった。

ダンロップ護謨（極東）日本支店の事業展開

　既述の通り、ダンロップがグリア商会を中心とする英国資本に技術供与するという形で、対日ビジネスが展開された[30]。

　ダンロップ護謨（極東）日本支店の取締役には、グリア商会のグリア兄弟が就任した。日本支店長にシャイヤレーが、工場長にウィルソン（Wilson, V. B.）が就任した。取締役であったグリア兄弟が年に一度しか来日しなかったことから、実質的な経営はウィルソンに委ねられていたと考えられる。実際に、ウィルソンは約30年に渡り日本に滞在し、経営の指揮

をとった。

　ただし、ウィルソンは会社経営の全てを任せられていたわけではなかった。彼は設備の新設および改善を行う場合には、ダンロップ本社の承認を得なければならなかった。例えば、タイプライタ1台を購入するにも裁可を得る必要があった。このような、いわゆる「ロンドン・サンクション」は第二次大戦前まで実施された[31]。

　ダンロップ護謨（極東）日本支店は、神戸市脇浜に約5,000坪の土地を購入し、そこにレンガ造り2階建ての工場を建てた。工場へは、英国から機械設備が送られたほか、ダンロップから3年契約で技術者が派遣された。技術者の選任はダンロップによって行われた。しかし、派遣されてきた技術者と再契約し、任期を延長するかどうかの判断は、ダンロップ護謨（極東）日本支店に委ねられた[32]。また、ロンドンへの技術援助料は、毎月の出荷額に応じて計算され、送金された[33]。

　当初、ダンロップ護謨（極東）日本支店は250名ほどの従業員を雇用していた。明治末頃には、同社工場に、ミル・ルーム、サイクル・タイヤ、サイクル・チューブ、カー・タイヤ、ドラッグ・ストア、検査・人力車など、いくつかのセクションが設けられた。それぞれのセクションは英国人マネジャーによって管理されており、工程上の重要な設計・配合といった技術情報は極秘とされた。生産に関する指示書はコードで記され、日本人労働者が理解できないようになっていた。日本人に任されたセクションは、給与計算、製品出荷、購買、経理といった一部の部署であった[34]。

　また、同社は技術流出を防ぐために、さまざまな福利厚生も実施した。例えば、同社は当時としては珍しかった年金制度を設けていた。これは、各人の1年間の総収入のうちの20％を、それぞれの個人名義で会社が香港上海銀行に積み立てるというものであった[35]。また、生命保険への加入を希望する者に対しては、積立金を掛け金に流用することも認めていた。勤続3年以上のものが希望すれば、その年の積立金の4分の1までの前受けを認めた[36]。

　このほか、スタッフに対する優遇策として、社内クラブ「シーセル・ク

ラブ」を設置した。これはイギリス人の寄宿棟に設けられたもので、ビリヤードやバーがあった。日本人幹部もこれを利用することが出来た[37]。このように、ダンロップ護謨（極東）日本支店では、年金制度や福利厚生といった諸政策を実施し、従業員の定着率向上を図った。同社にとって技術の漏えいは競争優位の喪失を意味した。技術情報を囲い込む人事・労務管理が必要であった。

　ただ、それでも技術の流出を防ぐことはできなかった。後に同社で技術を習得した者によって、河路護謨や内外護謨など多くの護謨製造会社が神戸に誕生した。

対日ビジネスの拡大[38]

　1911年になると、ダンロップ護謨（極東）日本支店は、日本イングラムを合併した。これにより、対日ビジネスは1社に集約された。ダンロップ護謨（極東）日本支店の製品ラインに、ゴム管、手袋、水枕、フットボールチューブといった工業用・医療用製品が加えられ、これら製品を新たに設置されたゼネラル・ラバー・グッズ部門が担当した。工業用ゴムの販売を京都の大沢商会が、医療用ゴムの販売を大阪の宇都宮商会がそれぞれ担当した[39]。

　また、ダンロップ護謨（極東）日本支店は民需のみならず、軍需にも応えた。例えば、1918年に軍用自動車補助法が制定されたが、これは武器輸送の手段として、トラックの開発を促すものであった。軍用自動車の生産奨励は、タイヤ市場の拡大を意味した。現地経営の安定を図るためには軍需に応える必要があり、軍部との関係も重要であった。

対日ビジネス体制の変化

　ダンロップ護謨（極東）日本支店は民需や軍需に応えながら、現地経営の基盤整備を進めた。しかし、1910年代半ばになると、対日ビジネス体制に変化が生じた。まず、1916年12月18日、ダンロップ護謨（極東）日本支店が解散された。そして、1917年3月7日、新たに日本商法に基づく「ダ

ンロップ護謨（極東）株式会社」（以下、ダンロップ護謨（極東））が設立された。資本金は180万円であった。新会社は、香港のザ・ダンロップ・ラバー・カンパニー（ファー・イースト）リミテッドが所有していた財産のうち、中国大陸を除く全ての財産を引き継いだ[40]。

また、日本法人設立に際し、ダンロップの日本誘致に関わったメンバーのひとりであるミルワード[41]が、グリア商会の持株を買い取り、経営支配権を握るようになった。ミルワードはさらにグリア商会の極東販売網をも買い取り、その後継企業として新たにチャイナ・インベストメントを設立した。チャイナ・インベストメントは、極東一円におけるダンロップ商品の販売権を握った[42]。このように、対日ビジネスは、グリア商会を中心とする体制から、ミルワードを中心とする体制へと移行した。

株主構成が変化するなかで、ダンロップによる対日ビジネスの姿勢にも変化が生じた。これまでダンロップは技術提携による、出資を伴わない支配関係を維持してきた。しかし、1921年以降、ダンロップ護謨（極東）へ資本参加し、次第に出資比率を高めていった。1927年には株式の過半数を取得するまでになった。

ダンロップの姿勢に変化が生じた背景には、本国本社の経営悪化があった。第一次大戦後、ダンロップは厳しい経営状況に置かれ、ゲディス（Geddes, E.）を中心に、再建が進められた。創業者一族のデュクロ家による支配から離れ、経営者企業へと変化を遂げていたのである。ゲディスは海外投資の拡大による国際化と、製品ラインの拡充による多角化を進めることで、会社を立て直そうとした[43]。この一連の再建計画のなかで、ゲディスは日本においてはダンロップ護謨（極東）に対する経営支配権を高めるという意思決定を下したのである。

3．タイヤ市場の拡大と競争の激化

国内タイヤ市場を巡る攻防

1920年代半ばになると、日本におけるゴム市場はさらに拡大した。自動

車市場の出現が、新たなゴム需要を生み出した。日本においては、1925年にフォードが横浜に、1927年にＧＭが大阪に工場を建設し、ノックダウン方式による自動車の組み立て生産を開始した[44]。自動車の普及とともに、自動車タイヤの輸入量も増加した。欧米タイヤメーカーの多くは、日本企業の販売網を通じて製品を供給した。グッドリッチは横浜護謨を、グッドイヤーは三菱商事を、ユー・エス・ラバーは三井物産を、フィスクは浅野物産を、ケリーは岩山商店（後に東京自動車興業）を、ファイヤストンは金剛商会を通じて、タイヤを販売した[45]。

その結果、自動車タイヤの市価（乗用車用32×4）は急激に下落した。1920年に94円であったタイヤの価格は、1921年に73円、1922年に50円と、わずか3年足らずの間に50％近くも下がった[46]。ただ、価格競争は厳しさを増しつつも、市場全体の規模は拡大していた。ダンロップ護謨（極東）は敷地内に新工場を建設するなどして、その旺盛な需要に応えた。

このように、同社は事業規模を拡大したが、そのための建設費用は、利益の再投資により賄われた。同社では無借金を経営の基本としていた。社内では倹約が徹底され、機械設備においても新旧さまざまなものが混在するような状況であった。

また、ダンロップ護謨（極東）は、国内での販売体制を強化することで、海外からの脅威に対抗しようとした。例えば、販売促進においては本国本社から流通販売要員を招き、小売店におけるサービス体制の強化を図った。当時、ダンロップ護謨（極東）では、新車タイヤの販売を大倉組系の日本自動車に任せるほか、同社を通じて補修用タイヤの販売も行っていた。その日本自動車の各支店に、ダンロップ護謨（極東）のサービスマンを分駐させた。サービスマンはロードマンと呼ばれ、技術的なサポートを担うほか、タイヤ販売に協力した。

生産・販売体制の強化が功を奏し、ダンロップ護謨（極東）は攻勢を仕掛けてきた輸入タイヤから、市場を防衛することに成功した。そして、1931年に金輸出再禁止により為替相場が急落すると、輸入タイヤは価格競争力を失い、市場から姿を消した[47]。ダンロップ護謨（極東）は国内タイ

ヤ市場におけるドミナントシェアを獲得することに成功した。

国内市場における競合企業の台頭

　輸入タイヤとの競争を制し、ダンロップ護謨（極東）は国内市場における独占企業として君臨した。しかし、その状況が永続することはなかった。1930年代になると、新たに国内から競合企業が現れた。

　ひとつは、グッドリッチと古河財閥系の横浜電線製造との合弁で設立された横浜護謨であった。グッドリッチは1870年に米国オハイオ州アクロンにて誕生した企業である。1896年に、自動車タイヤの生産に成功し、事業を拡大した。

　日本において、グッドリッチは早い時期より東京・丸の内に支店を設け、タイヤ用チューブならびにゴム製品の輸入販売を行った。その後1917年に古河財閥との共同出資により横浜護謨（資本金250万円）を設立し、日本における現地生産に着手した。

　横浜護謨は横浜・平沼に工場敷地を確保し、現地生産の準備を進めた。グッドリッチは横浜護謨に優秀な人材を派遣するなど、技術移転に努めた[48]。しかし、本格的な生産に乗り出す前に関東大震災（1923年）に見舞われたことから、同社のタイヤ生産は遅れをとった。生産開始は1930年9月まで待たなければならなかった[49]。生産開始後、横浜護謨はダンロップ護謨（極東）とは対照的に代理店を利用せず、特約店との間に直接に契約を結び、製品を市場に供給した[50]。同社は新規参入企業ではあったが、古河の名があり、市場の信頼を得ることができた。

　日本市場におけるもうひとつの重要な競合企業は、ブリヂストンであった。ブリヂストンは、1931年に福岡・久留米にて誕生した。創業時の資本金は100万円であった。その母体企業は日本足袋であった。日本足袋は地下足袋やゴム底靴の生産販売で成功をおさめており、その利益をもとに、タイヤ事業に参入した。日本足袋は、1929年に米国アクロンのスタンダードモールドに自動車タイヤ用機械を発注するほか、ダンロップ護謨（極東）より技術者を招き入れ、タイヤの事業化を試みた[51]。

ブリヂストンは代理店を通じてタイヤを市場に供給した。先発企業が既に販売網を押さえていたことから、ブリヂストンはタイヤ修理業者、中小のタイヤ小売店、日本足袋の代理店を中心に、販売網を形成した。ブランド力で劣るブリヂストンは、品質保証制度を採用することで、顧客の信用を得ようとした。これは製品に問題があれば、使用後でも無料で新品タイヤに引き替えるというものであった。創業時の同社製品の品質は不安定なものであった。そのため、会社創立から3年間に返品されたタイヤの数は10万本、返品率にして25％近くになった[52]。

　しかし、このような状況でも、ブリヂストンは設備投資を継続した。その結果、品質は次第に向上し、1932年にはフォードから納入適格品として認められるまでになった。ブリヂストンは日本足袋の輸出課や三井物産を通じて、タイヤを海外市場へも輸出した[53]。民族企業として、ダンロップ護謨（極東）に対抗できるだけの競争力を備えはじめた。

　このように、横浜護謨、ブリヂストンの台頭により、ダンロップ護謨（極東）の市場シェアは相対的に下がりはじめた。日本のタイヤ市場は三社鼎立の時代を迎えた。三社は価格競争を避けるために、補修用タイヤの販売量や価格について協定を結び、生産調整を図った。協定では、各社の販売割当を三分の一ずつとした上で、ダンロップ護謨（極東）に30％、ブリヂストンに20％、横浜護謨に15％の超過販売を認めた[54]。

日英関係の悪化とダンロップの対応

　1927年の金融恐慌、1929年の世界恐慌の発生とともに、日本国内においてナショナリズムが台頭すると、外国資本企業としての存在は不利になりはじめた。このようなナショナリズムの台頭に対し、外国資本企業は様々な対策をとった。例えば、グッドリッチは外国企業色を薄めることで、問題を回避しようとした。1934年、同社は横浜護謨の持株45,000株のうち、35,000株を古河電工に譲渡した。その結果、持ち株の割合は古河66,000株に対し、グッドリッチ10,000株となった[55]。グッドリッチは現地パートナーに主導権を譲ることで、外資に課せられるであろう規制から逃れることを

選択した。1941年には、グッドリッチは買い戻し条件つきで古河電工に持株をすべて譲渡し、一時的に日本から撤退した[56]。

　ダンロップ護謨（極東）においても、ナショナリズムへの対応が急がれた。1929年、ダンロップの誘致に関わったメンバーのひとりで、元蔵相の阪谷芳郎が、ダンロップ護謨（極東）に対し、同社を日英合弁企業とすることを勧めたのである。ダンロップもまた日本における情勢の変化を察知しており、阪谷の意見を受け入れた。ダンロップは友好関係にあった大倉組に対し、ダンロップ護謨（極東）を共同経営とする意向を打診した。しかし、このとき大倉組は不況の影響を受けており、合弁企業を設立するだけの余力がなかった。そのため、この計画は見送られた[57]。

　この結果を受けて、ダンロップは現地子会社の合弁化を諦め、ダンロップ護謨（極東）の残りの株式をミルワードから買い取った。これにより、ダンロップ護謨（極東）はダンロップがほぼ100％所有する子会社となった[58]。また、ダンロップはミルワードが所有していたチャイナ・インベストメントをも買い取り、新たにチャイナ・ダンロップを設立した。これにより、これまでダンロップ護謨（極東）に与えられていた中国大陸や東南アジアにおける販売テリトリーを、ダンロップ直轄のものとした。ダンロップ護謨（極東）の輸出市場は朝鮮半島と台湾に限定された[59]。このように、ダンロップは現地市場におけるナショナリズム台頭の前に、現地子会社へのコントロールをさらに強めるという意思決定を下した。

　しかし、外資系企業に対する圧力がさらに高まり、国内企業との競争も激化すると、再び1934年に大倉組との間に合弁化交渉が進められた。この時、満州における経営の成功から、大倉組の業績も回復していた。ただ、この合弁計画も事前に従業員に漏れたことから、またもや交渉が行き詰まった。従業員が労働条件の変更を危惧し、紛争が起きたのである。当時の新聞はこれを「日英紛議」として報じている。これにより、合弁計画は再び白紙に戻された[60]。

　そして1936年、ダンロップと大倉組との間で、三度目の合弁化交渉が持たれた。交渉は順調に進み、ダンロップ護謨（極東）の株式40万株のうち

22万株を日本側に譲渡することで合意に至った。しかし、1937年に日本銀行が為替管理を強化したことから、ロンドンへの株式代金の送金が不可能になった。そのため、日英合弁計画は実現せず、ダンロップは単独で戦時体制下での現地経営にあたることになった[61]。

なお、合弁化交渉を進める間、ダンロップ護謨（極東）は日本海軍との関係強化を図った。1932年に海軍省推薦の退役海軍少将・西義克を経営陣に迎えたほか、1934年にも同じく退役少将の赤堀研吉を取締役に迎えた[62]。しかし、それでも、外資としての不利を払拭するには不十分であった。日英関係の悪化は同社の経営を逼迫するようになった。

対日ビジネスの停滞

カントリー・リスクへの対応の失敗は、ダンロップ護謨（極東）の経営に負の影響を与えた。まず、1937年7月に日中戦争が勃発し戦時体制に入ると、ダンロップ護謨（極東）による軍需品の納入が禁じられた。これにより、同社は民需品の生産のみで、会社を運営せざるを得なくなった。その民需品も天然ゴムが配給統制されるようになると、生産に支障をきたすようになった。それでも、ダンロップ護謨（極東）は国内市場において高いシェアを保った。1940年頃のダンロップ護謨（極東）のタイヤ市場におけるシェアは42％強あり、横浜護謨の約32％、ブリヂストンの約27％を引き離していた[63]。

しかし、1942年になるとダンロップ護謨（極東）は敵産管理法の適用会社となり、その財産を政府の管理下に置かれた。外国人スタッフは相次いで帰国し、現地経営は一時的に中断された。戦時中、同社の株は大倉商事が55％、日産自動車、トヨタ自動車、ヂーゼル自動車工業、東洋紡績、川崎重工業がそれぞれ9％ずつ所有した。取得代金1,520万円は政府に預託された[64]。社名は中央ゴム工業と改められ、主に防弾タンクを生産する軍需工場となった。

第二次大戦中、ダンロップ護謨（極東）は空爆により多大な損害を被った。だが、それ以上に大きな痛手となったものは、ライバル企業にキャッ

チアップの機会を許したことであった。終戦後の1946年下半期には、自動車用タイヤ生産高に占める各企業の割合は、ブリヂストン48.4％、横浜護謨31.1％、中央ゴム工業（旧ダンロップ護謨（極東））15.1％となっていた[65]。特殊な状況であったとはいえ、ダンロップ護謨（極東）は市場における主導的な立場を失ってしまったのである。カントリー・リスクへの対応のミスは、戦後の現地経営の展開に大きな影響を残すことになった。

4．現地経営の再開と競争力の低下

本国本社における組織能力の低下と現地経営の苦悩

　ダンロップの在日資産は1949年8月15日に返還され、社名も元に戻った。この年、横浜護謨もグッドリッチとの資本技術提携を再開した。日本のゴム産業は次第に復興し、1950年にはゴム消費量も1934～36年と同水準の6万1,000トンにまで回復した。

　しかし、一方でダンロップ英国本社は大戦の影響から厳しい状況にさらされ、国際競争力を失いつつあった[66]。そのために戦後、ダンロップは海外子会社の現地化を進めるようになった。日本においてもその方針が反映され、経営の現地化が進められた。経営陣のなかに日本人も登用されはじめた[67]。

　だが、日本子会社は経営の自律化が進められつつあったものの、ダンロップから様々な規制も加えられていた。例えば、タイヤの輸出テリトリーは戦前のチャイナ・ダンロップ設立時に定められたとおり、朝鮮半島と台湾に限定されたままであった[68]。

　また、その当初、ダンロップは設備投資のための借金を認めていなかった。1957年になって、ようやく積極的に設備投資を行うようになるが、他社はこれを上回る速度で生産能力や技術力を高めた。例えば、ブリヂストンは綿コードからレーヨンコード（強力人絹コード）へ原料を切り替え、大規模な設備投資を行った[69]。さらに、1955年からはレーヨンタイヤよりもコードの使用量が少なく、耐久性に富むナイロンタイヤの試作を開始し、

タイヤの品質を高めた[70]。これら一連の技術革新により、ブリヂストンのシェアは40％台を越え、他社を引き離した[71]。

日本市場からの撤退とダンロップの消滅

　1960年、苦境に立たされたダンロップ護謨（極東）は、住友電工と資本提携契約を結ぶことを決断した。この提携に至った理由として同社社史は、ダンロップ護謨（極東）の業績回復の見通しが立ちにくかったこと、新工場の建設費用およそ50～60億円を単独で調達することが難しかったこと、外貨不足のために日本政府が高率なロイヤリティの送金を認めなかったことを上げている[72]。このような資本提携により、ダンロップによるダンロップ護謨（極東）への出資比率は71.43％となった。ダンロップの出資比率はその後さらに低下し、1961年50％、1963年43.75％となった。ダンロップ護謨（極東）の経営権は住友へ移った。

　一方で、ダンロップはライバル企業の攻勢に合い、本国でも厳しい状況へと追い込まれた。1945年、フランスのミシュランがスチール・ラジアル・タイヤの開発に成功し、市場シェアを拡大したのである。ダンロップの本国市場におけるシェアは1960年の50％から、1970年には39％へと低下した。その間、同市場におけるミシュランのシェアは1960年の10％から、1970年に20％へと上昇した[73]。

　この状況を打破するために、ダンロップは1970年にイタリアのピレリとの間にユニオンを結成した。ピレリが技術的なノウハウや生産設備、タイヤやケーブル分野における世界的な名声を、ダンロップが天然ゴムや合成ゴム分野における知識をそれぞれ提供した[74]。しかし、この連合も上手くは機能せず、1980年に解体された。1980年度のダンロップのタイヤ部門の赤字は、4,800万ポンドとなった。

　1983年、ついにダンロップは住友ゴムに欧州のタイヤ事業部門を売却することを決めた。この時、ダンロップが持つ住友ゴムの株式も売却され、日本市場から完全に撤退した。1985年には米国ダンロップの売却も行われ、住友ゴムがヨーロッパ域内ならびに米国におけるダンロップタイヤの生産

第 5 章　ダンロップの対日投資と現地経営

と販売を引き継いだ[75]。

要　約

　以上、本章ではダンロップの対日投資の目的、日本での事業展開、現地経営の成功と失敗のポイントについて考察を加えてきた。ここでは本章で明らかになった点をまとめ、結びとしたい。
　まず、ダンロップの海外展開は輸出からライセンシングに、そして現地市場の成長をみながら直接投資へと参入様式を転換させた。戦略を転換した理由は特許制度への対応や関税障壁への対応など、各国の事情によりさまざまであったが、この移行プロセスは一貫してみられた。これは対日ビジネスにおいても同様であった。
　ダンロップの日本進出は、現地の政財界からの要請に応えることで実現した。具体的にはグリア商会がその誘致の中心となった。ただ、この時点での対日投資は、グリア商会とダンロップのチェアマンであったデュクロが出資者であり、ダンロップそのものによる直接投資ではなかった。
　ダンロップ護謨（極東）の対日ビジネスは、現地の政財界や軍部といった利害関係者との関わりのなかで展開された。例えば、ダンロップ護謨（極東）は日本自動車の販売店に自社のサービスマンを常駐させるなどして、流通・販売体制を強化した。それら活動の結果、ダンロップ護謨（極東）は輸入タイヤからの市場防衛に成功し、1920年代までにタイヤ市場における独占的な地位を築いた。また、軍部との関わりは軍需品の受注に影響を与えた。特に、軍用トラックの生産台数が増加すると、タイヤ需要が増大した。
　当初、ダンロップはダンロップ護謨（極東）に対する資本参加に消極的であったが、現地市場での成功をみると、次第に出資比率を高めた。1930年代には、ミルワードが所有していた株式を買い取り、現地子会社をほぼ完全所有会社とした。
　ただ、1930年代になると、横浜護謨やブリヂストンといった競合企業が

135

台頭した。ダンロップ護謨（極東）の市場シェアは相対的に低下し、三社鼎立の時代を迎えた。

　その後、ダンロップ護謨（極東）の経営に大きなダメージを与えたものが、カントリー・リスクへの対応の失敗であった。三度にわたる合弁化の試みが失敗し、単独で戦時体制下の経営に臨んだ。戦時体制下では、原料の供給や製品の販売でさまざまな規制が加えられた。この時期に、ライバル企業はシェアを拡大し、ダンロップ護謨（極東）の市場を奪った。特殊な状況であったとはいえ、ライバル企業に市場を明け渡したことは、戦後の経営にも影響を残した。戦後、経営権が回復し、ダンロップ護謨（極東）はライバル企業への追随を図るが、本国本社の経営低迷などもあり、それを実現することができなかった。最終的に、ライバル企業との競争に敗れた。

注）
1) ダンロップの対日投資に関する先行研究に、井上忠勝（1993）「英国ダンロップ社の日本進出」『経営学研究』（愛知学院大学）第3巻第1・2合併号．がある。同研究では、ダンロップの対日投資に至るプロセスを中心に、その経営史を明らかにしている。本章では、同研究であまり触れられることのなかった同社進出後の現地経営を中心に、研究を進めていくことにする。
2) 詳細については、Mcmillan, James. (1989) *The Dunlop Story The life, death and re-birth of a multi-national,* Weidenfeld and Nicolson, pp. 1-8. を参照されたい。
3) 創業八十周年社史編纂委員会編（1989）『住友ゴム八十年史』pp. 11-13.
4) 創業八十周年社史編纂委員会編，前掲書，p. 13.
5) 創業八十周年社史編纂委員会編，前掲書，pp. 13-15.
6) 井上忠勝，前掲書，p. 5.
7) Mcmillan, James, *op, cit,* pp. 9-11.
8) Jones, Geoffrey. (1984) "The Growth and Performance of British Multinational Firms before 1939: The Case of Dunlop" *The Economic History Review,* Vol37, No. 1, pp. 36-37.
9) Jones, Geoffrey, *op, cit,* p. 37.
10) Jones, Geoffrey, *op, cit,* p. 37.

11) Mcmillan, James, *op, cit,* p. 13.
12) Harrison. A. E. (1981) "Joint-Stock Company Flotation in the Cycle, Motor-Vehicle and Related Industries, 1882-1914" *Business History,* Vol. 23, p. 186.
13) 井上忠勝，前掲書，p.5.
14) 英国においても1907年に特許法が改正され、移転された外国特許が同国で利用されなければ無効となった。
15) Jones, Geoffrey, *op, cit,* p. 38.
16) Jones, Geoffrey, *op, cit,* p. 38.
17) ただ、アメリカの子会社は創業からわずか5年でカナダ人マネジャーに譲渡された。詳細については、井上忠勝，前掲書，p.7. を参照されたい。
18) Jones, Geoffrey, *op, cit,* pp. 37-41.
19) Udagawa Masaru (1990) "Business Management and Foreign-Affiliated Companies in Japan Before World War II" Yuzawa Takeshi and Udagawa Masaru (eds), *Foreign Business in Japan Before World War II,* UniUniversity of Tokyo Press, p. 14.
20) Uyeda Teijiro (1938) *The Small Industries of Japan Their Growth and Development,* Inatitute of Pacific Relations, pp. 182-183. ならびに、住友ゴム工業株式会社（1989）『住友ゴム八十年史』p. 10.
21) 日本ゴム工業史編纂委員会編（1950）『日本ゴム工業史』日本護謨工業会，pp. 181-182.
22) 日本ゴム工業史編纂委員会編，前掲書，pp. 209-210. ならびに、同書 pp. 215-219.
23) 武藤勲（1959）「ダンロップ五十年の歩み」『ダンロップニュース』p.3. ダンロップの取締役であった武藤健は、同社の誘致の状況を次のように語っている。「佛蘭西人でありまするが是が英國と佛蘭西と日本と共同一致50萬圓づ、当時の金で申しますと150萬圓のゴム會社を造ろうぢやないかと云う話を致しました。無論青木さんは、豫々の御希望であられるし先輩で昨年薨くなられた。澁澤子爵（当時男爵）或は大倉男爵（當時無爵）斯云う方々が相談役として大阪に土地を買つてやる積りであったのでありますもう土地まで買つて計畫が出来んとする時に佛蘭西と英國の間に少しく意見の相違がありまして遂に別れなければならぬ其中にイングランと云う会社が矢張り入つて居つた醫療及びホース類を拵へるイングラン會社と云うものも其仲間の中にあったのですが俺は俺でやると云うので獨立して其會社は多分明治41年頃神戸に工場を建てゝやり始めたのです」。武藤健（1932）「日本に於けるゴム工業の過去現在及將來」『日本護謨協會誌』第5巻第1号，p.11.
24) 創業八十周年社史編纂委員会編，前掲書，p.16.
25) イングラムとダンロップが別々に日本に進出してきた理由として、バン

ドー化学元相談役の雀部昌之介は、武藤健から聞いた話として次のように述べている。「イングラムが進出して、翌年すぐダンロップが来る——というのは少し変に思われけれど、他の会社も加えて共同出資の会社で日本へ進出する話しがまとまりかけていたのに利害が衝突し、イングラムが抜け駆けして一足先に独力で進出してきたが、すぐ資本金三千万ポンドという大企業の方が出てきたので、小さい方は降参した——ということらしい」。雀部昌之介（1970）『私は六十年社員』バンドー化学株式会社，pp.43-44.
26) 彼は、創業者であったハーヴェイ・デュクロの子息であった。
27)「ジー・ダンロップ・ラバー・コムパニー（ファー・イースト）リミテッド」閉鎖登記簿謄本（神戸地方法務局）．
28) 創業八十周年社史編纂委員会編，前掲書，pp.39-40.
29) 創業八十周年社史編纂委員会編，前掲書，p.21.
30) 残念ながら、その時に交わされたライセンス契約の内容は明らかになっていない。参考までに、1951年に結ばれたダンロップ本社と日本子会社との間で結ばれた技術援助契約の内容をみると、契約期間は10年間であった。技術援助料は売上高の20%であった。特許権およびノウハウの使用権がその内容であった。住友ゴム工業株式会社，前掲書，pp.162-163.
31) 創業八十周年社史編纂委員会編，前掲書，pp.26-28.
32) 創業八十周年社史編纂委員会編，前掲書，p.19.
33) 創業八十周年社史編纂委員会編，前掲書，p.31.
34) 創業八十周年社史編纂委員会編，前掲書，pp.22-23.
35) 後に、10%はその年に返却されるようになった。
36) 創業八十周年社史編纂委員会編，前掲書，p.29.
37) 創業八十周年社史編纂委員会編，前掲書，p.30.
38) 創業八十周年社史編纂委員会編，前掲書，pp.26-27.
39) 住友ゴム工業株式会社，前掲書，p.26.
40) 住友ゴム工業株式会社，前掲書，p.39.
41) ミルワードは日露戦争後に来日し、Canadian Pacific Co. の神戸支店長などを務めた人物であった。大阪・八尾のブラシ工場や、大阪・堺のセルロイド工場を経営した実業家としても知られているという。（住友ゴム工業株式会社100年史チームの調査結果に基づく。2007年11月22日に回答をいただいた。）
42) 住友ゴム工業株式会社，前掲書，pp.42-43.
43) Chandler, A. D. Jr. (1990) *Scale and Scope: The Dynamics of Industrial Capitalism*, Harvard university Press, pp. 304-305.（安部悦生，川辺信雄，工藤章，西牟田祐二，日高千景，山口一臣訳『スケール・アンド・スコープ』有斐閣，1993年，p.256.）

44) 宇田川勝（1987a）「戦前日本の企業経営と外資系企業（上）」『経営史林』（法政大学）第24巻第1号, pp.26-27.
45) 横浜護謨株式会社（1959）『四十年史』p.164.
46) 横浜護謨株式会社, 前掲書, p.165.
47) 横浜護謨株式会社, 前掲書, p.171.
48) 例えば、有機加硫促進剤を発明したオーエンスラガーという人物は世界的なゴム技術者として知られており、グッドリッチの至宝といわれた人物であった。
49) 横浜護謨株式会社, 前掲書, p.149.
50) 横浜護謨株式会社, 前掲書, pp.93-94.
51) ブリヂストンタイヤ（1982）『ブリヂストンタイヤ五十年史』p.35.
52) ブリヂストンタイヤ, 前掲書, pp.42-44.
53) ブリヂストンタイヤ, 前掲書, pp.45-49.
54) 住友ゴム工業株式会社, 前掲書, pp.96-97.
55) 横浜護謨株式会社, 前掲書, pp.188-189.
56) 横浜護謨株式会社, 前掲書, pp.444-445.
57) 住友ゴム工業株式会社, 前掲書, pp.74-75.
58) 株式は事実上、すべてダンロップが所有するものであったが、形式上、多くの同社社員の名義としている。詳細については、日本興業銀行外事部（1948）『外国会社の本邦投資（過去に於ける事例の研究）』pp.172-174. を参照されたい。
59) 住友ゴム工業株式会社, 前掲書, p.86.
60) この時の労使間交渉の状況については、大月社会問題調査所（1934）『外国資本を繞る二つの紛争議例』. を参照されたい。
61) バイスウェイによれば、日本ダンロップ護謨（極東）は1917年7月1日に、「工業所有権戦時法」の公布にともない、三井物産と合弁することになったという。バイスウェイ・サイモン・ジェイムス（2005）『日本経済と外国資本』刀水書房, p.197. しかし、今回の調査では、そのような事実は確認できなかった。
62) 住友ゴム工業株式会社, 前掲書, pp.87-88.
63) 石橋正二郎伝刊行委員会（1978）『石橋正二郎』ブリヂストンタイヤ株式会社, p.158.
64) 住友ゴム工業株式会社, 前掲書, p.118.
65) 横浜護謨株式会社, 前掲書, p.131.
66) 住友ゴム工業株式会社, 前掲書, pp.133-134.
67) 住友ゴム工業株式会社, 前掲書, pp.166-167.

68) 住友ゴム工業株式会社，前掲書，p.172.
69) ブリヂストンタイヤ，前掲書，p.164.
70) ブリヂストンタイヤ，前掲書，pp.212-213.
71) ブリヂストンタイヤ，前掲書，p.220.
72) 住友ゴム工業株式会社，前掲書，pp.196-197.
73) 川手恒忠（1996）「わが国タイヤ産業における多国籍企業の誕生——1984～1986年住友ゴム工業の英国ダンロップ社買収戦略の研究——」『四日市大学論集』（四日市大学）第8巻第2号，pp.104-105. なお、日本においては1964年にブリヂストンがピレリから特許実施権を獲得し、ラジアル・タイヤを販売した。住友ゴムは1966年に、横浜護謨は1967年にラジアル・タイヤを販売している。詳細については、日本ゴム工業会（1971）『日本ゴム工業史 第3巻』pp.457-458. を参照されたい。
74) Angelo, Montenegro. (1993) "The development of Pirelli as an Italian multinational, 1872-1992" Jones, Geoffrey. and SchrOter. H. G. *The Rise of Multinationals in Continental Europe,* Edward Elgar, p. 196.
75) 詳細については、川手恒忠（1992）「The Dunlop=Pirelli Union の結成と解体」『四日市大学論集』（四日市大学）第4巻第2号. を参照されたい。

第6章
リーバ・ブラザーズの対日投資と現地経営

　本章では、1910年から1925年にかけて行われたリーバ・ブラザーズ（Lever Brothers Ltd. 現在のユニリーバ）の対日投資を取り上げたい。
　リーバ・ブラザーズは1885年に英国で誕生した石鹸製造企業である。1890年時点での資本金は30万ポンド（非公開）であったが、対日投資が行われた1910年には資本金660万ポンド（公開）となっていた。20年間で22倍にも増加したことになる。また海外展開も早く、1906年までに同社の資本の4分の1を海外に投じていた。1914年までに33の海外工場を所有していた[1]。
　同社は石鹸以外にも、生産過程の副産物を利用して、グリセリンなどの工業製品を生産していた。このような油脂製品は多方面で利用されており、社会や経済の動きに大きな影響を与えた。
　しかし、これまでにリーバ・ブラザーズと日本企業との間に成立した国際的な企業間関係とその影響に関して、十分な研究ならびに評価がなされてきたとは言い難い[2]。さらに不幸なことに、同社の撤退から80年近く経った今日では、その実態を窺い知ることができる史料が、次第に失われつつある。
　そこで本章では、リーバ・ブラザーズの対日投資の動機とは何か。日本における事業は如何なる目的のもとで、どのように展開されたのか。現地経営のどのような点に、成功と失敗のポイントがあったのか。以上のような疑問に対し、経営史的な視点からの考察を試みる。

1．リーバ・ブラザーズの成立と発展

創設者リーバ

　リーバ・ブラザーズの創設者リーバ（Lever, W. H.）は、1851年に英国ランカシャー州ボールトンにて生まれた。生家は食料雑貨商を営んでおり、家庭としては中流階級に属していた[3]。

　16歳の頃になると、リーバは見習いとして家業に携わるようになった。彼はそこで経営者としての片鱗を示していた。特に彼のビジネス活動のなかで注目すべきものは、食料の輸入販売であった。1870年代後半、彼はアイルランドの農家からバターと卵を直接に買入れ、それを英国の最終消費者に販売するというビジネスを確立した。このようなビジネスでは、仲買人を介さないことにより、経費を節約できた。さらには、運搬に要する時間を短縮できた。リーバはこのようにして仕入れた商品を、積極的な広告活動を展開しながら、大量販売した。

　この時、彼は労働者階級の生活水準が次第に向上しつつあることに気づいていた[4]。世界に先駆けて工業化に成功した英国では、労働者の所得水準が高まっていた[5]。リーバは、このような社会情勢の変化にいち早く反応し、大衆市場の創造と拡大に努めた。

石鹸販売の展開

　バターや卵の販売が成功をおさめる一方で、リーバが次に関心を示したものが石鹸の販売であった。石鹸の歴史は、古くは紀元前にまで遡ることができる。英国においてその需要が高まったのは、産業革命を経て都市人口が増大する1860年代以降のことであった。労働者階級の賃金上昇とともに、石鹸は贅沢品であったものから必需品へと変わりつつあった。それを示すように、英国における石鹸の生産量は1871年に15万トンであったものが、1881年に20万トン、1891年に26万トンと着実に増加していった[6]。

　しかし、需要の高まりにもかかわらず、その生産は手工業の域に留まっ

第6章　リーバ・ブラザーズの対日投資と現地経営

ていた。製造業者により生産された石鹸は、棒状のまま雑貨商へ出荷されていた。雑貨商はそれを顧客の求めるサイズに切断し、販売していた。商標法はまだ施行されておらず、商品名に商標権のない商品が販売されていた。リーバの店でも、既存の石鹸製造会社から仕入れた棒状石鹸を切り売りしていた。ただ、彼は商標権のないこの時代から、店頭の石鹸に「リーバズ・ピュア・ハニー（Lever's Pure Honey）」という商品名をつけ、販売していた。

1875年に商標法が施行されると、リーバは積極的な動きをみせた。すぐに「サンライト（Sunlight）」という商標を取得し、石鹸の本格的な販売に乗り出したのである。後述するように、当初、この石鹸は既存の石鹸製造企業に特別に注文して作らせたものであった。サンライトは従来の棒石鹸とは異なる型打ちされた石鹸であった。見栄えを良くし香りを保つために、紙に包装されていた。

ただ、このアイデアはリーバの独創的なものではなかった。既に米国で行われているものを採用したに過ぎなかった[7]。しかし、たとえそれが模倣であったとしても、彼の企ては英国においては新規なものであり、従来の商慣行を打ち破るものであった。

さて、リーバは石鹸を大量に販売するために、積極的な広告活動を展開した。一つは看板や新聞広告であった。そしてもうひとつは、賞品制度であった。これらマーケティング活動は市場が未開拓な時代にあって、特に労働者階級の主婦の関心を引き付けることに成功した。それに加えて、競合企業製品との差別化にも役立った[8]。

ところで、石鹸のような商品がナショナル・ブランドとして大量に販売されるために、商標が持った意義は重要であった。商標権は登録された商品の商標を、排他的・独占的に使用しうる権利である。その商品名は企業の評判を具現化し、商品に関する情報を顧客へ提供するという役割を担う[9]。それによって、模造品が企業や社会に及ぼす損失を抑えるのである。商標権は、企業にとっては製品開発、販売促進、広告といった分野への投資を保護するものとなった。さらに消費者に対しては、彼らの購買行動を保護するものとなった[10]。商標は大量生産および大量販売を支援し、規模

と範囲の経済を享受する機会を提供した。

リーバは、雑貨商として培った流通ならびに販売における経験を活かしながら、このような商標付き包装製品の大量販売を展開した。

川上への垂直的統合

リーバの店で販売される石鹸は、独自の仕様に基づき、既存の石鹸製造会社によって生産された。しかし1885年には、リーバは自ら石鹸の生産に乗り出した。はじめに、彼はウォーリットンにあるウィンザー商会より、石鹸製造に必要なプラントと機械を6年間の賃貸契約を結び、借受けた。ここで必要となる資金は、雑貨事業からの売上げと、家族内部の資金によって賄われた。同工場の生産能力は当初は週20トン程度であったが、次第に生産量の増加がみられ、翌年には週40トンを生産するまでになった。

だが、それでもなおサンライトの旺盛な需要に供給が追いつかないような状況であった。そこで、リーバはリバプール郊外のポートサンライトに工場用地を求め、工場の建設に着手した。当時、同地域は不毛の湿地帯であった。土地が低く、高潮時にはすぐに洪水となるような場であった。しかし、水運に恵まれると同時に鉄道網が発達していた。輸入原料に依存する石鹸産業では、いかに低コストで原料を運び込み、製品を生産できるかが経営成果を左右する重要な要因となる。当時の搬入方法ではドックの使用料、波止場税などを支払わなければならず、港からの運搬にもコストがかかっていた。そこで、リーバは将来的には船の停泊に必要なドックを備えることができるこの広大な地を、工場立地として選択したのである[11]。

彼の先見性は、事業の成功により証明されることになった。ポートサンライトでの経営は成功をおさめ、この地は世界企業を育む場所となったのである。次に、ポートサンライトでの経営について若干詳しくみていこう。

生産拠点としてのポートサンライト

ポートサンライト工場は1889年に操業した。そしてここが、その後のリーバ・ブラザーズの事業にとって重要な拠点となった。ポートサンライトで

の生産能力は最初の年は15,688トンであったが、その後は年に3,000トンから5,000トンの割合で増加した。

リーバはポートサンライトにおいて温情主義的な経営を行った[12]。そこでは工場の建設と同時に、従業員用の住宅も建設された。1890年に28のモデル住宅から始まった社員向けの住居は、1897年に238戸、1904年に600戸、1909年には720戸を数えるまでになった[13]。これらの住宅は庭つきで、建築様式もオールド・イングリッシュ式、フランドル風、オランダ風といったように多様であった。

それらの住居は、当時の平均的労働者の住宅のレベルを遥かに超えるものであった。賃貸料は週6シリングで、平均週給の4分の1から5分の1であった。さらに、リーバは村に学校、教会、劇場、音楽堂、図書館、体育館、水泳場、医療施設といった公共施設を建設した。このようにして作られた村の人口は、1907年には3,600人を数えるまでになった[14]。

また、雇用形態では終身雇用（lifetime job）が採用され、労働者の生活保障に努めていた[15]。これらの結果、村は共同社会の感覚が強く、健康と倫理の水準が高く、良好な労使関係が保たれていたという[16]。

リーバはこのような理想郷の建設を、早い時期から考えていた[17]。彼は労働者を前に次のように語っている。

「前後に庭のある戸建独立住宅を建て、裏町の貧民街では学び得ない人生の真理（science）を学び、単に仕事に往復するだけで、土曜日の給料のみを楽しみにしているより、もっと大きな喜びが人生にはあることを知るだろう」[18]と。

このような理念をもって、彼はポートサンライトでの会社経営に臨んだ。ポートサンライトは彼の理想を現実のものとする場であった。

リーバ・ブラザーズの成立

石鹸事業は成功を収め、急速な拡大と成長を遂げた。しかし、同時に多

くの資本を必要とするようになった。そこでリーバは、1890年に会社を30万ポンドの非公開会社とした。さらにその4年後の1894年には、同社を150万ポンドの公開会社とした[19]。ここにリーバ・ブラザーズが誕生した。

　新会社の重役にはリーバはもちろん、彼の父親ジェームズ・リーバ（Lever, J.）と、弟ジェームズ・ダーシー・リーバ（Lever, J. D.）、そして工場の支配人であったウィンザー（Winser, P. J.）が就任した。1株10ポンド、5パーセントの累積利益配当つきの優先株75,000株と、同額面の普通株75,000株を発行し、資金を調達した[20]。

　その後のリーバ・ブラザーズの事業展開について触れておこう。同社は1910年から1920年にかけて、多数のライバル企業の買収と合併を行った。これらのライバル企業は、主として株式の交換を通じて手中に収められた。リーバ・ブラザーズの傘下にあったこれらの「連繋会社」と呼ばれた構成企業は、それぞれの法律上および管理上の自律性を維持しながら、個々に会社を経営した[21]。

　一連の企業買収の結果、リーバ・ブラザーズは英国石鹸市場において、大きなシェアを占めるようになった。1914年には国内消費量335万トンのうち、およそ125万トンを生産するようになった[22]。

　また、この間、会社の経営体制にも変化が見られた。1920年に特別委員会が設置されたのである。これにより、経営に関する意思決定はリーバの単独決定から、委員会での決定へと移行した。

2．リーバ・ブラザーズの初期の国際展開

市場志向型投資

　リーバ・ブラザーズによる海外投資は、大きく分けてふたつの理由から展開された。ひとつは、市場志向型投資であった。もうひとつは供給志向型投資であった。これらについてみていこう。

　まず、市場志向型投資である。リーバ・ブラザーズの製品は早い時期から海外へ輸出された。ポートサンライトでの操業から間もない1890年頃か

ら、カナダ、オーストラリア、オランダ、ベルギー、ドイツ、南アフリカ、米国といった国々に、次々と販売代理店が設立され、製品が販売された。

　しかし、このような輸出戦略は長くは続かず、1890年代後半から現地生産へと移行した。例えば、カナダでは1892年に工場用地が取得され、1900年に現地生産に踏み切っている。オーストラリアにおいても1895年にシドニー港近郊のボールメインに土地を購入し、1900年より工場を操業した。南アフリカにおいては1910年にダーバン近郊のコンゲラに工場用地を取得し、1911年から操業した。米国においても1897年にボストンのカーティス・デーヴィスを買収し、現地生産に乗り出した。この他、スイス、ベルギー、ドイツ、フランス、スウェーデンといった国々でも、次々と製品輸出から現地生産へと海外戦略の転換が図られた。

　赤坂によれば、リーバ・ブラザーズが現地生産に着手した動機は大きく2つあり、第1には関税障壁を乗り越えることにあった。第2には現地の事情に適合した生産・販売戦略を適確に行うことにあった。また、現地への参入方法としては工場を新規に設立することもあれば、現地企業を買収する場合もあった。現地に有力な企業があれば、可能な限りこれらを買収・合併する方法がとられたという[23]。

供給志向型投資

　次に供給志向型投資である。石鹸製造事業にとっての大きな悩みは、原料の安定的な供給であった。石鹸はその原料に牛脂、コプラ、椰子といった動・植物性の油脂が使われていた。これらはその全てを英国国内で調達することが難しく、その多くを輸入に頼っていた。

　だが、原料の価格は不安定であった。例えば1890年代のはじめや、1901年から1902年にかけて、一時的な原料価格の高騰がみられた。さらに油脂の精製工程が改良され、バターの代替品としてマーガリン（人造バター）の生産が可能になると、原料不足の問題は一時的なものから慢性的なものとなった。

　そこで、リーバ・ブラザーズは原料の安定供給を目的に、海外投資を行っ

た。1905年に同社は、ソロモン諸島のココナッツ・プランテーションを手に入れた。また、1910年にはナイジェリアとその周辺国からの供給を増やすことを目的に、西アフリカの貿易会社ウィリアム・B・マッキーヴァーを買収した。さらに1911年には、ベルギー領コンゴに広大な土地の所有権を取得し、現地に精油所を建設した。この他、オーストラリアにおいても、製品の販売と同時に牛脂の確保を目的とした子会社を設立した。

原料の確保は会社経営にとって重要な課題であった。特にリーバ・ブラザーズが拡大を続けるためには、供給先を押さえる必要があり、積極的な海外投資が展開された[24]。

このように、リーバ・ブラザーズの海外投資には、市場志向型投資と供給志向型投資のふたつのタイプのものが存在した。それぞれの投資は、企業の発展にとって重要なものであった[25]。

3．対日投資の決断

日本市場の開拓

リーバ・ブラザーズ製品の日本での販売は、1905年に小林商店（現在のライオン）の創設者である小林富次郎との間に、東洋一手販売契約が結ばれたことにはじまる[26]。小林商店を総代理店として、「スワン浮石鹸」が輸入販売された[27]。1907年の同製品の価格は、大が1個15銭、小が1個8銭5厘であった[28]。日本における販売は順調で、舶来石鹸のシェアの過半を占めていた[29]。

当時、日本では、近代的工場の出現、人口集中による都市化、軍隊などの集団生活により、環境衛生の向上が促され、それが石鹸需要の増加に結びついていた。このような日本における石鹸需要の増大に関して、リーバは1909年に次のように述べた。「発展状態にある日本に入るものはだれであろうと、初期に足場を確保すれば、大いに利益を得るだろうということは疑いない」[30]と。

リーバが指摘するように、日本の石鹸市場は急速に拡大していった。石

鹸の生産額は1906年の276万円から、1912年には540万円へと2倍近い増加を示した[31]。日本には零細規模の石鹸製造企業が存在する程度であった。リーバ・ブラザーズからすれば競合企業は無いに等しかった。

しかし、リーバは「日本における現在のわれわれの商売の量は、そこに石鹸工場をもつことを正当化しない」[32]とも述べていた。1908年時点で、英国から日本への石鹸の輸出量は374トンに過ぎなかった[33]。そのため国際ビジネスの展開としては、輸出戦略が有効であった。

輸出戦略の転換

だが、やがて輸出戦略からの転換を迫られることになった。関税の問題であった。周知のとおり、日本は安政5カ国条約の締結(1858年)によって、関税自主権を失っていた。しかしその後、1899年の条約改正によって、関税自主権の一部回復が認められた。日本政府は1910年には、国内産業の保護と輸入の抑制を目的に、輸入石鹸に関税を課すことを決定した。その税率は化粧石鹸に対して税率50％、その他の石鹸に税率30％という過大なものであった[34]。

この禁止的税率の設定に、外国製石鹸を扱う企業は大きな衝撃を受けた。例えばプロクター・アンド・ギャンブル(Procter & Gamble)の製品「アイボリー石鹸(Ivory Soap)」を扱っていたシエー・カルノー・アンド・カンパニーは、関税そのものに抗議した。同社は1915年に関税賦課に関する訴願裁決書を大蔵大臣であった若槻禮次郎に提出した[35]。関税設定は、輸出戦略を無効にするものであった。

関税障壁の問題に対し、リーバ・ブラザーズの対応は比較的に早かった。同社は関税率の引き上げを見込んで、1909年にリーバの甥であり、副社長の座にあったチロットソン(Tillotson, J. L.)を、日本に派遣した。彼は日本における油脂資源、工場立地、石鹸の販路、特許状況に関する調査を行った[36]。そして、輸出戦略の代替として、現地生産に踏み出すことを決定したのである。

石鹸産業での先駆的企業であったリーバ・ブラザーズは、世界的な商品

ブランド、グローバルな生産能力、さらにはそれらをコントロールできる経営能力を備えていた。つまり、本国から遠く離れて事業を営む不利益を、相殺してなお余りある優位性を有していた。さらにはこれらの優位性を活用できる企業者精神をも備えていた。

一方で、わが国の排除的な外資政策が、外資の導入を促す方向へと転換されたことも見逃してはならない。日清戦争後の金本位制の確立、1889年の商法の全面施行、治外法権の撤廃、外国人の土地所有の公認によって、直接投資を受け入れる環境が次第に整えられていたのである[37]。ただ、これらは全面的な開放というよりは、選別的な外資の導入であったことに注意する必要がある。

対日投資の狙い

関税への対応は、日本での現地生産に踏み切るきっかけとなった。しかし、対日投資の狙いは日本市場での製品販売だけを目的としたものではなかった。日本にはアジアにおける生産拠点としての魅力以外にも、原料の供給基地としての魅力があった。

日本において石鹸の原料として注目されたものが魚油であった。当時、日本は世界的な魚油の生産国であった。大正から昭和にかけての日本の魚油生産量はおよそ20万トンであり、世界の生産量の3分の2を占めていた[38]。主に北海道の鰊や鰯を原料とした魚油は、鈴木商店の精油事業部門や横浜魚油などの精油企業によってヨーロッパへ輸出された。例えば、鈴木商店は神戸の苅藻島に約4,000坪の魚油倉庫を持ち、そこで精製した魚油を、ドイツをはじめとするヨーロッパ諸国へ輸出していた。

当初、魚油はその臭いのために敬遠されており、わずかに灯火などに利用されるものであった。しかし、後で取り上げるように、硬化油技術が確立し魚油から石鹸やマーガリンの生産が可能になると、一転して油脂工業にとって貴重な資源のひとつとなった。そこで、リーバ・ブラザーズは原料の確保をも目的に加えて、日本への直接投資に踏み切った。

第6章　リーバ・ブラザーズの対日投資と現地経営

4．日本における事業展開

工場立地の選択と建設への着手

　チロットソンらの調査の結果、リーバ・ブラザーズは兵庫県尼崎市の南部に位置する西新田（現在の大浜町）への工場建設を決定した[39]。海に臨んだ同地域は出水の激しい荒蕪地であった。しかし、海上輸送の利便性に富む場であった。また、大阪と神戸間の鉄道網が発達していた。これらの点において、西新田はポートサンライトとその地理的な環境が似ていた。なお、同地域が工業地帯として発展するのは日露戦争後であった[40]。

　リーバ・ブラザーズはこの地に5万5千坪の土地を確保し、1910年に工場建設に着手した[41]。同社の閉鎖登記簿[42]によれば、商号は「日本リーバーブラザース株式会社」[43]であった。1株の金額は100円で資本総額150万円、同社の100パーセント所有であった。また、社債も総額150万円あり、年5分の利率が設定されていた。なお、日本で大規模な石鹸製造企業であった長瀬商会（現在の花王）の1911年時点での資本金は25万円であった[44]。リーバ・ブラザーズ尼崎工場は、現地企業をはるかに上回る事業規模であった。

　日本子会社の取締役には、初期にはチロットソン、リーバの弟のジェームズ・ダーシー・リーバ、そしてトーマスの3名が就任した。前者2名の登記簿上の住所が英国のままであることから、実質的にはトーマスという人物が現地経営の中心的な役割を果たしたと思われる[45]。

　なお、同社の取締役には15年間に計17名が就任しているが、その中に日本人が加わった記録はない。また、取締役の平均的な就任期間は約4年であった。タットローの滞在期間7年（1914年～21年）が最長であった。監査役には15年間に計3名が就任し、マクドウエルが4年間（1910年～14年）、フィッシャーが1年間（1914年～15年）、アキーが10年間（1915年～25年）任務についた[46]。

　当初、同社工場には10名ほどの英国人が滞在し、経営管理を行っていた。また、日本人従業員は創業時には150～160名ほどであった。1917年には

151

700名ほどが勤務する工場となった。

　同工場の建設には、機械設備はもちろん建築用レンガに至るまで、英国本国から資材が運びこまれた。そして1913年1月に石鹸製造装置、グリセリン精製装置が、同年10月に硬化油装置が完成した[47]。

　また、神戸市内の旧居留地に支店も設立された。実質的にはここが本社としての機能をもった。その他、1916年に東京と大阪に支店を開設した。

リーバ・ブラザーズ尼崎工場の生産能力と経営
（1）石鹸事業部門

　リーバ・ブラザーズ尼崎工場には、径14フィート、深さ14フィートのものを最大に計6個の鹸化釜が備え付けられた。石鹸工場には3階に鹸化釜、2階に廃液の貯蔵、撹拌機、1階にフレームがあり、撹拌機でかき回した石鹸を枠に入れていた。一ヵ月当たりの生産量は、洗濯石鹸が1,200トン、化粧石鹸が120トンほどであった[48]。

　ここで、同社の石鹸生産能力が如何に大規模なものであったのかを理解するために、長瀬商会の請地工場（東京・向島）と比較してみたい。1914年時点で、長瀬商会・請地工場は径6.3フィート、深さ10.26フィートを最大に、4個の鹸化釜を備えていた。職工数は177人であった[49]。当時、日本の石鹸工場では、一工場当りの平均的な工員数は10人を越えず、まだ家内工業の域を脱していなかった[50]。したがって、長瀬商会の工場は現地企業のなかで比較的に大きなものであった。だが、それ以上に、リーバ・ブラザーズ尼崎工場は大規模な生産能力を持っていた。

　リーバ・ブラザーズ尼崎工場ではベルベット、アーク、スワン、シタデル、トーパズといった銘柄の石鹸が生産された[51]。このうち、ベルベットは大阪飯田商店（現在の丸紅）を経由して、浪花洋行が中国市場で販売した。また、アークはバーデンス商会を通じて中国市場で販売された。それぞれの一ヵ月当りの平均販売個数は、ベルベットが7,200個、アークが1万個であった[52]。

　このほか、リーバ・ブラザーズ尼崎工場は大阪の売薬製造業・桃谷順天

第6章　リーバ・ブラザーズの対日投資と現地経営

表6－1．新聞広告掲載件数の推移

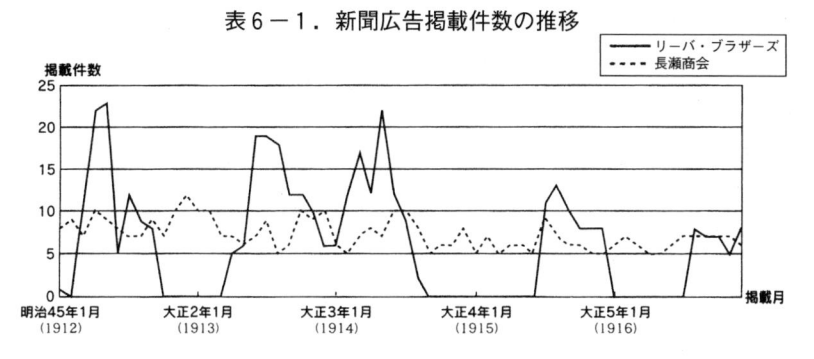

出所）1912～16年の間に大阪朝日新聞に掲載された新聞広告数を集計した。本書では拙著「英国企業の極東戦略と尼崎」『地域史研究』（尼崎市立地域研究史料館），第33号第2号，p.49.より引用した。

館と提携し、「美顔石鹸」を生産していた。これは桃谷順天館から、石鹸の研究と生産を委託されたものであった。この美顔石鹸の価格は15銭であった。これは当時の一般的な石鹸の約2倍の価格であった。桃谷順天館は精力的にこの石鹸の販売を試みた。しかし、販売量は伸びず、間もなく販売は中止された[53]。

美顔石鹸以外に、日本国内においてリーバ・ブラザーズ製品がどのようなマーケティング施策のもとで、どのような流通経路を通じて販売されていたのか、現在のところ定かではない。ただ、それを知る手掛かりとして、1912年から1916年までの5年間における同社による新聞広告掲載件数を調査した。新聞は大阪朝日新聞を対象とした。長瀬商会（後の花王石鹸）と比較しながらみてみよう（表6－1を参照されたい）。

まず、月ごとの新聞広告掲載件数は長瀬商会が平均7.2件であったのに対し、リーバ・ブラザーズは平均6.4件であった。長瀬商会は「花王石鹸」「ホーム浮石鹸」のふたつの商品を広告掲載していたのに対し、リーバ・ブラザーズは「スワン浮石鹸」「ベルベット石鹸」「アーク石鹸」など11の商品を広告掲載していた。リーバ・ブラザーズは幅広い製品ラインを揃えていたことがわかる。

153

月ごとの広告掲載件数をグラフにすると、表6-1のようになる。長瀬商会が月当たり5～11件の範囲でほぼ一定の割合で広告を出していたのに対し、リーバ・ブラザーズは0～23件の範囲で広告掲載件数が大きく変動していたことがわかる。数か月にわたり広告が掲載されない年もあった。このように、両企業では石鹸販売に関するマーケティングへの姿勢の違いがみられた[54]。

（2）グリセリン事業部門
　石鹸の原料となる油脂は脂肪酸とグリセリンの化合物である。したがって、石鹸を生産すると、石鹸廃液のなかにグリセリンが残ることになる。グリセリンはダイナマイト製造の原料としてのほか、タバコや化粧品製造などに用いられていた。
　日本にはじめてグリセリンが輸入されたのは1883年であった。そしてそれ以後、第一次大戦に至るまで、グリセリン需要のほとんどは輸入品によってまかなわれた[55]。リーバ・ブラザーズでは創業から間もない1886年末からグリセリンを生産しており、その相当な量を日本にも輸出していた[56]。グリセリンは時として、石鹸よりも利益を生み出す商品であった。
　当時、日本では石鹸廃液は文字通り廃液であり、何ら利用されることなく処分されていた。ようやく1911年に、花王石鹸の請地工場が石鹸廃液からのグリセリン回収に成功するが、まだ同社は精製装置を備えていなかった[57]。このような状況のなか、リーバ・ブラザーズは日本に本格的なグリセリン精製プラントを持ち込んだのである。一貫した油脂製品の生産体制が築かれていた。

（3）硬化油部門
　さらにもうひとつ、同工場の設備に関して特筆しておかなければならないものがある。硬化油装置である。液体油脂から固形脂肪をつくる硬化油技術の理論は、1896年にフランス人のサバチェ（Sabatier）とサンドラン（Senderens）によって発見され、1901年にサンドランの名義で特許が取得

された。翌1902年にはドイツ人のノルマン（Normann, W.）がその技術を応用した硬化油製造法を確立し、特許を取得した。次いで1905年には、英国企業のクロスフィールド・サンズが特許を譲り受け、工業的規模での硬化油生産に成功した[58]。

　硬化油は牛脂に代わって、石鹸やマーガリンの原料となるものであった。世界的に油脂の需要が増加するなか、原料不足に悩む石鹸製造企業にとって、硬化油技術は重要な技術のひとつであった。

　リーバ・ブラザーズが本国において硬化油工場を完成させたのは、1906年のことであった。したがって、本国での利用からわずか7年しか経ていない技術が、後発国であった日本に持ち込まれたのである。リーバ・ブラザーズ尼崎工場は東洋における最初の硬化油プラントでもあった。同社は日本においては1914年に硬化油製造装置の特許を取得した。魚油を主原料に作られる硬化油の生産量は年間1万7,000トンに上り、そのほとんどが自家消費された。5割から6割の硬化油に2割ほどの大豆油を混合して、石鹸を製造していた[59]。

（4）酸素ガス事業部門

　リーバ・ブラザーズ尼崎工場では酸素ガスも生産していた。その生産量は月産6,000立方メートル、売上高は年間72,000円であった。酸素ガスは鉄工業、冶金業、医療などで利用されていた。同社では、硬化油製造のために必要な水素を、水を電気分解することによって取り出していた可能性がある。その副産物の酸素を販売していたのであろう。

　なお、日本における酸素製造工業のなかで最大のものは、フランス企業エア・リキードの在日子会社・帝国酸素であった。同社では月産60,000立方メートルを生産しており、年間720,000円の売上高があった。リーバ・ブラザーズ尼崎工場や帝国酸素といったこれら企業は、帝国海軍や各造船会社に酸素ガスを供給していた[60]。

155

事業の展開

　以上のように、リーバ・ブラザーズ尼崎工場は東アジアにおいて最大規模・最新鋭の油脂工場であった[61]。同工場は原料の精製から最終製品の生産まで、一貫した生産体制を持っていた。これほど強力な企業が進出してきたことは日本企業にとって大きな脅威に映ったに違いない。

　ところが、興味深いことに、リーバ・ブラザーズ製品は日本製品を市場から駆逐するほどの販売量には至らなかった。同社はむしろ中国市場への輸出に力を入れていた。

　当時、日本石鹸産業の対中国輸出は次第に増加し、その輸出額は1910年57万円、1915年129万6千円、1920年457万円となっていた[62]。そのなかで、1914年から1915年における輸出の増加分は、ほとんどがリーバ・ブラザーズ尼崎工場の製品によるものであった。同社の輸出額は年間100万円に達することもあった[63]。この間、日本企業による輸出はむしろ減少傾向にあったという[64]。このようにリーバ・ブラザーズ尼崎工場の製品は、主に中国市場向けに生産されていた。

　なぜ、日本市場での販売量がそれほど多くなかったのか、その理由は残念ながら明らかではない。理由のひとつとして、同社の製品が日本人の嗜好に合わなかったという指摘がある[65]。一般に魚油の硬化油は石鹸の原料としては洗浄力の点で牛脂よりも劣っていた[66]。また、石鹸に生臭い原料を用いることへの抵抗もあった。リーバ自身も安い化粧石鹸や粉末石鹸には、鯨油などの硬化油を使うことを認めていたが、サンライトやハドソン、ラックスのような品質や評価の高い製品に対しては、魚油の使用を禁じていた[67]。このように、当時は硬化油を石鹸の原料として用いることに、まだ技術的な課題が残されていた。硬化油の品質が改善され、それが石鹸の原料として主要な地位を占めるようになったのは1930年代のことであった。したがって、製品の欠陥のために日本人に受け入れられなかったという理由は、一応の説得力をもっている[68]。

　さらにそれに加えて、リーバ・ブラザーズ尼崎工場で精製される硬化油には、それ自体に品質的な問題があった。この点についての詳細は次節に

譲りたい。

5．対日投資の失敗と撤退

現地経営の苦悩と硬化油事業の問題

　リーバ・ブラザーズ尼崎工場が圧倒的な生産能力を有していたことは、これまでにみてきたところである。しかし、驚くことに、同社の経営は操業から2、3年をピークに、次第に苦境に立たされた。第一次大戦前後の約10年間は、本国から直接輸入したグリセリンを販売し、工場の経費を賄うような状況であったという[69]。そして、最終的に同社は1925年に日本から撤退した。同社がわずか十数年のうちに衰退する原因は何だったのだろうか。

　まず、その原因のひとつとして考えられるものに、硬化油事業に起因する問題が考えられる。既述のとおり、リーバ・ブラザーズ尼崎工場は東アジアにおける最初の硬化油工場であった。同工場では年間1万7,000トン、月産ではおよそ1,400トンの硬化油を生産していた。

　しかし、リーバ・ブラザーズ尼崎工場で硬化油プラントが動き出した翌年の1914年には、横浜魚油が月産100トンの硬化油工業を建設した。さらに1916年には、鈴木商店が月産1,500トンの硬化油工場を建設した。また同年、大連油脂工業も大豆油を原料とした硬化油の製出に乗り出した[70]。1919年に旭電化工業、1920年に日本曹達などの財閥系有力メーカーも、同事業に参入した。このようにリーバ・ブラザーズの日本進出から間もなく、日本資本の硬化油企業が次々と現われた。

　これら日本における硬化油工業は、1913年に発表された辻本満丸の論文「液体脂肪酸ヲ固体脂肪酸ニ変化スル考察」、ならびに同氏の門下生である上野誠一の論文「硬化油製造工業について」を契機に誕生した。そして、第一次大戦中に英国がグリセリンの確保を目的にオーストラリア産牛脂の輸出を禁じると、牛脂の代替品として、硬化油の需要が一気に高まっていた[71]。次第に、日本の硬化油工業は新興産業としての基礎を固めた。

このような硬化油産業は鈴木商店の硬化油事業部門や横浜魚油など、従来の精油企業が関連事業の多角化を進めることによって参入してきた。当然のことながら、これら企業は原料となる魚油に比較的に有利にアクセスすることができた。そして、これらの企業が魚油を買い占めると、リーバ・ブラザーズ尼崎工場は原料不足に陥った[72]。

　また、前節でも少し触れたが、リーバ・ブラザーズ尼崎工場で精製された硬化油には、その精製過程で技術的な問題を抱えていた。ヨーロッパでは搾油技術が進んでいたため、リーバ・ブラザーズは新鮮な魚油を手に入れることができた。しかし、搾油技術が遅れていた日本においては、豊漁の時には搾油が追い付かず、腐らせてしまった魚を製油することがあった。そのため、魚油は本国で使用しているものと比べ粗悪なものとなっていた。

　それにも関わらず、同社尼崎工場では本国からのマニュアルを日本の事情に応じて修正することなく、そのまま用いていた。リーバ・ブラザーズ尼崎工場で精製時に用いるアルカリの濃度は、日本の硬化油企業が使用する濃度の半分であったという。その結果、水素添加がスムーズに行われず、この硬化油によって作られた石鹸は時間が経つにつれて臭気をおび、変色した。この硬化油製造のマニュアルは同工場が売却され、後に日本油脂となるまで受け継がれていた[73]。

　このように、リーバ・ブラザーズ尼崎工場では硬化油事業において、原料供給の問題と硬化油精製に関する技術的な問題を抱えていた。そのために、魚油から硬化油を精製し、それを用いて石鹸やグリセリンを一貫して生産しようとする企ては失敗に終わった。

国内企業との競争関係

　各事業部門において、日本企業との競争が激しくなったこともまた、リーバ・ブラザーズ尼崎工場を苦境に陥れた原因のひとつとして考えられる。リーバ・ブラザーズが多くの競争優位を有しており、それが対日投資の決定に結びついたことは先に取り上げたところである。しかし、その優位性は長期的に持続されるものではなかった。

第6章　リーバ・ブラザーズの対日投資と現地経営

　明治末期より、日本の石鹸産業においては、西条石鹸工場、相馬帝国、吉村石鹸工場といった職人的技術を持った企業に代わり、問屋制資本の企業が次々と現われた。花王の長瀬商会、ライオンの小林商店、ミツワの丸見屋などがそれらのものであった[74]。

　参考までに、その代表的なもののひとつである長瀬商会の発展について、その概略に触れておきたい。同社は1887年に東京にて、長瀬富郎によって洋小間物商として設立された。店では石鹸、西洋文房具、帽子類、ゴム製品などを扱っていた。長瀬は輸入石鹸を扱うなかで、輸入製品に対抗できる国産ブランド石鹸の生産・販売に関心を持つようになった。そこで、鳴春舎より独立していた村田亀太郎の製造所を長瀬商会の専属製造所とし、石鹸の生産に乗り出した。1890年にはブランド化粧石鹸「花王石鹸」を創製し、販売するに至った。同製品の販売価格は1個12銭であり、桐箱入り3個セット35銭で販売された。同社は販売代理店制度を設け、各地の有力卸問屋を代理店に委嘱し、全国販売を展開した。

　当初、石鹸は新宿旭町の村田製造所で生産されていたが、1896年には東京向島の須崎に工場を建設し、移転した。さらに1902年に向島の請地に新工場を建設、1922年には吾嬬町に工場を完成させるなど、次第に生産能力を高めていった。花王石鹸の販売高は1915年の732,764ダース、696,125円から、1920年には2,022,268ダース、3,640,082円、さらに1925年には2,972,098ダース、5,646,986円へと増加した[75]。このように同社は、次第に日本の代表的な石鹸企業としての地位を確立した。

　問屋制資本企業の参入に加えて、さらに大正末期にも石鹸産業への新規参入がみられた。旭電化工業、大阪酸水素、日本曹達、合同油脂、鈴木商店の硬化油事業部など、化学工業企業や硬化油企業がそれらであった[76]。例えば、硬化油を生産していた鈴木商店は、第一次大戦後に石鹸事業に乗り出すことを決意した。実は、同大戦の終結にともない硬化油工業は一斉に苦境に陥っていた。輸入牛脂が復活したため、代替品であった硬化油の価格が暴落し、各企業は存続の危機に直面したのである。

　鈴木商店は、この困難を乗り切るために、自社の硬化油を石鹸に用いる

159

ことを企てた。しかし、同社は石鹸製造の設備および技術を有していなかった。そこで他社と提携し、分業体制を構築することを試みた。その提携の候補となったのが、ライオンであった。鈴木商店側はライオン側に、両社とも現物出資し、社名をライオン石鹸株式会社とする条件を提示した。だが、ライオン側はこの条件に加え、商標の使用料として30万円を求めた。鈴木商店の大番頭であった金子直吉はこの要求を拒絶、交渉は決裂した。最終的に、鈴木商店は東京の住田流芳舎本郷工場を5万円で買収し、自ら石鹸生産に乗り出した[77]。

　以上のように、明治から大正にかけて、石鹸産業では次々と新規参入企業が現れた。日本国内の石鹸産業は1912年に工場数211、職工数1,539人、生産額5,405,734円であったものが、1921年には工場数328、職工数3,462人、生産額23,866,271円となった[78]。国内市場は拡大したが、同時に企業間競争が激しくなった。

　また、グリセリン産業においても著しい進展がみられた。日本におけるグリセリン産業の歴史は、1911年に長瀬商会の請地工場が、石鹸廃液からグリセリンを回収したことにはじまる。当時、同産業は欧米諸国に比べ大きく遅れをとっていた。だが間もなく、グリセリンの生産を目的に、帝国魚油精製が誕生した。ライオンも農商務省からグリセリン分解装置の貸与を受けて同事業に参入した。さらには、岩鼻陸軍火薬廠もグリセリン精製プラントを操業した。その他、1913年には、大阪の石鹸業者によって大阪グリセリン商会が創設された。1914年には、大倉組が日本精油工業を創設した。そして、1916年には政府の勧奨により、帝国魚油と日本精油工業が合同し、日本グリセリン工業（資本金600万円）が設立された[79]。

　国産化奨励政策のもとで、日本におけるグリセリン産業は大いに発展した。硬化油事業で手間取っていたリーバ・ブラザーズにとって、躍進を遂げる日本企業との競争は厳しいものとなった。

労使の対立

　労使の対立もまた、リーバ・ブラザーズ尼崎工場を苦境に陥れた原因の

ひとつとして考えられる。当時、日本においてはデモクラシー運動が高揚していた。ロシア革命（1917年）の成功が、米騒動（1918年）をはじめとする大衆運動に影響を及ぼした。それらは労働運動を刺激するものとなった。

このような社会情勢を背景に、1919年3月、リーバ・ブラザーズ尼崎工場の労働者によって、友愛会大阪連合会武庫川支部が結成された[80]。そして同年8月には、同社の従業員によって半日サボタージュが決行された[81]。当時、賃金増額や団体交渉権および争議権の要求による労働争議が多発していたが、同社での争議はわが国石鹸工業における最初の労働争議であった[82]。

また、1921年6月には、団体交渉権の確認と解雇手当の問題、その他の要求により争議が起こった。この問題は同年7月に労働委員会を設置すること、半年間は賃下げならびに解雇はしないという条件で一応の決着をみた。なお、この争議の後に、会社では7人中6人の取締役が辞任している[83]。

しかし、同年11月に会社側が工場整理の方針を示したことから、200人余りの労働者との間に再び解雇手当をめぐる争議が起こった。この問題は、同年12月に労働者が旧居留地内の本社に押しかけるなど、大騒動となった[84]。このようにリーバ・ブラザーズ尼崎工場では、労使間で様々な問題を抱えていた。

このような労使対立が生じた原因として、同社の労働組合が友愛会の影響を受けたことが考えられる。設立当初、友愛会は組合員の相互扶助を目的とした活動の性格が強く、労使協調を支持する立場にあった。しかし、1919年9月に大日本労働総同盟友愛会と改名する頃から社会改造への志向を強め、基本的な思想を転換した[85]。このことが、リーバ・ブラザーズ尼崎工場での労働争議に反映された。

本国ポートサンライトとは異なり、尼崎工場には英国人技師のための社宅がわずかに数棟あるだけで、日本人労働者向けの従業員住宅のような福利厚生はなかった[86]。また、従業員住宅以外に何らかの福利厚生施策が導

入されていたかどうかも疑問である。もし、仮に尼崎工場に本国の福利厚生の理念や施策が積極的に導入されていたとするのならば、尼崎工場の労使関係はおそらく異なる様相を示していたであろうし、日本の産業界にも大きなインパクトを残すことになっていたと思われる。

日本市場からの撤退

　1925年、英国のリーバ・ブラザーズ本社では転換期を迎えた。この年、創業者のリーバが死去し、新社長に副社長の座にあったクーパ（Cooper, F. D.）が就任した。クーパはリーバ・ブラザーズの監査を行っていた専門会計会社の代表であった。彼が社長に就任した時、リーバ・ブラザーズは戦後恐慌の影響を受けて、存続の危機にあった。この危機を乗りきるための舵取りが彼の役割であった。

　クーパは危機を脱するための改革の一環として、利益率に基づく海外工場の整理を進めた[87]。リーバ・ブラザーズ尼崎工場はその整理対象となり、同年に神戸瓦斯に売却されることが決まった。売却価格は372万円であった。その内訳は株158万5千円、社債150万円、積立金5万8,700円、貯蔵品48万2,502円44銭というものであった。なお、その後、神戸瓦斯が算定した同工場の資産評価額は520万2,600円であったことから、売却が急がれた様子を窺い知ることができる[88]。こうしてリーバ・ブラザーズの対日投資は引き揚げられ、日本から撤退した[89]。

　リーバ・ブラザーズ撤退後の同工場とその後の対日投資について、少し触れておこう。同工場は神戸瓦斯に渡った後に大日本石鹸と社名を改め、さらに翌年にはベルベット石鹸と改称された。神戸瓦斯の主な目的は石鹸を生産することにはなかった。グリセリンとガスの副産物であるベンゾールを化合して、爆発薬をつくることにあった。社長の松方幸次郎をはじめとする経営陣は、同事業を将来の有事に際しての国家的事業と位置づけていた[90]。

　しかし、神戸瓦斯の手に渡った後も工場経営は上手くはいかなかった。そして、同社が公益事業であったこともあり、商工省からの売却勧告を受

けた。1936年、同工場はついに一度も配当を出すこともなく、日産コンツェルンの中核である日本産業に売却された。同工場はその後の様々な企業合同を経て、現在でも（2009年時点）日油株式会社として、その跡地で操業している。

　尼崎工場の売却後、リーバ・ブラザーズは1925年に直営の販売子会社「リーバ兄弟商会」を設立し、再び輸出戦略に切り替えた。しかし、同商会による製品の売れ行きは芳しくなく、最終的に、1934年に解散した[91]。

　その後のリーバ・ブラザーズによる対日投資は、同社の後継企業であるユニリーバによって再開された。1963年に同社はマーガリン製造を目的に、豊年製油との合弁で豊年リーバ（資本金15億円。豊年55％、ユニリーバ45％の出資）を設立した。それは初期の撤退から約40年後のことであった。

要　約

　以上、本章ではリーバ・ブラザーズの初期の対日投資の動機、日本での事業展開、現地経営の成功と失敗のポイントについて考察を加えてきた。ここでは、本章で明らかになった点をいくつか取りまとめ、結びとしたい。
　まず、リーバ・ブラザーズは早い時期から小林商店を通じて、日本市場へ製品を輸出した。舶来石鹸のシェアの過半を占めるなど、販売は好調であった。しかし、やがて同社は対日戦略の転換を決定した。関税障壁への対応がその主な理由であった。関税自主権を回復した日本では、輸入禁止的な税率が設定された。この動きに対し、リーバ・ブラザーズは素早い対応をみせた。日本における調査を行った後、対日投資を決定した。同社の日本進出の目的は、市場を防衛するためだけではなかった。硬化油の原料となる魚油を確保することも、目的のひとつにあった。
　日本において、同社は兵庫県尼崎に工場を建設した。リーバ・ブラザーズ尼崎工場は東アジアにおいて、最大規模・最新鋭の設備を有していた。同社の取締役ならびに監査役には、全て英国人が就任した。また、日本人従業員は多い時で700名ほどが勤務した。

同工場では硬化油、石鹸、グリセリンなど、原料から最終製品までを一貫生産していた。石鹸の主な販売市場は日本よりもむしろ中国であった。リーバ・ブラザーズ尼崎工場で生産された石鹸は商社などを介する間接輸出により、中国へ出荷された。

　また、石鹸の副産物としてつくられるグリセリンも重要な商品であった。グリセリンは化粧品などの工業需要のほかに、爆薬としての軍需もあった。日本進出時、リーバ・ブラザーズ尼崎工場は日本で唯一のグリセリン生産工場であった。

　しかし、原料となる魚油の確保の問題、硬化油精製の技術的な問題、国内企業との競争の激化、労使紛争の勃発などによって、日本での事業はやがて苦境に陥った。本国本社の経営不振もあり、リーバ・ブラザーズは1925年に日本から撤退した。

注）

1) Jones, Geoffry. (1995) *The Evolution of International Business An Introduction*, International Thomson Business Press, p. 106.（桑原哲也，安室憲一，川辺信雄，榎本悟，梅野巨利訳『国際ビジネスの進化』有斐閣，1998年, p. 121.）

2) 同社に関する先行研究としては赤坂道俊（1997）「第二次大戦前ユニリーバ社の海外事業活動」『八戸大学紀要』（八戸大学）第16号．がある。同論文は1890年代から第二次大戦直前にかけてのリーバ・ブラザーズの海外生産活動の分析を行っており、第2章第3節において日本での事例も取り上げられている。本章ではそのうちの日本における事業展開に研究対象を限定し、先行研究よりも若干詳しく考察を試みた。

3) ウィルソンによれば、当時のランカシャーにはリーバのような中流階級の家庭が多かったという。そして彼らの理想とするものは「適度の高邁さ、仕事の正直さ、仕事の熱心さ、それに主として反国教主義的な無宗派の信仰心であった」という。Wilson, Charles. (1954) *The History of UNILEVER*, Cassell and Company Ltd, p. 22.（上田昊訳『ユニリーバ物語（上）』幸書房，1967年，p. 23.）

4) Reader, W. J. (1960) *UNILEVER A Short History*, Unilever House, p. 11.

5) イギリスでは、19世紀中葉から労働者のなかに労働貴族と呼ばれる新しい

階級が生まれた。労働貴族は、熟練労働者から成り、労働者階級の約10％を占めていたといわれている。彼らは比較的に高い賃金を得ると同時に、安定した雇用が保証されていた。以後、イギリスでは労働者貴族の「古典的時代」（1840〜90年）、「黄金時代」（1850〜75年）を迎えることになる。松村高夫（1986）「労働組合の形成と発展」米川伸一編『概説イギリス経済史』有斐閣, p. 255.

6) 日本油脂工業会（1972）『油脂工業史』p. 8.
7) Wilson, Charles, *op. cit.,* p. 29.（邦訳：p. 31.）
8) Wilson, Charles, *op. cit.,* p. 38.（邦訳：pp. 41-44.）
9) Wilkins, Mira (1992), "The Neglected Intangible Asset: The Influence of the Trade Mark on the Rise of the Modern Corporation" *Business History,* Vol. 34, No. 1, p. 67.
10) Wilkins, Mira, *op. cit.,* p. 81.
11) なお、私有のドックは1931年に完成した。
12) Jeremy, David. J. (1990) "The enlightened paternalist in action: William Hesketh Lever at Port Sunlight before 1914" *Business History,* Vol. 33, No. 1, p. 59.
13) Jeremy, David. J., *op. cit.,* p. 63.
14) Jeremy, David. J., *op. cit.,* p. 58.
15) John, Griffiths. (1995) "Give my regards to uncle Billy...' : The rites and rituals of company life at Lever Brothers, c. 1900-c. 1990" *Business history,* Vol. 37, No. 4, p. 25.
16) Wilson, Charles, *op. cit.,* p. 148.（邦訳：p. 166.）
17) このようなコミュニティーの建設はリーバがはじめてではなかった。彼が建設する以前にカナダのハリファックスでクロッセリー（Crossley, F.）が、また、ブラッドフォード近郊のサルタイアでサルト（Salt, T.）が理想郷を建設していたようである。詳細については、Jeremy, David. J., *op. cit.,* p. 60. を参照されたい。
18) Wilson, Charles, *op. cit.,* p. 36.（邦訳：p. 39.）
19) 英国においては1855年に「株式会社有限責任法」が制定された。しかし、登記された株式会社の多くは、市場からの資金調達を目的としない非公開会社（プライベート・カンパニー）であった。1876年時点においても、株式会社の半数が非公開会社であったという。詳細については、鈴木良隆（2004）「19世紀の金融・サービス」鈴木良隆, 武田晴人, 大東英祐『ビジネスの歴史』有斐閣, pp. 35-36. を参照されたい。
20) Wilson, Charles, *op. cit.,* p. 45.（邦訳：p. 50.）
21) Chandler, A. D. Jr. (1990) *Scale and Scope: The dynamics of Industrial capitalism,* Harvard University Press, pp. 378-379.（安部悦生, 川辺信雄, 工藤章, 西牟田祐

二，日高千景，山口一臣訳『スケール・アンド・スコープ』有斐閣，1993年，pp. 320-321.）
22) Wilson, Charles, *op. cit.,* p. 124.（邦訳：p. 141.）
23) 赤坂道俊，前掲書，p. 93.
24) Wilson, Jhon, F. (1995) *British Business History 1720-1994,* Manchester University Press, p. 111.（萩本眞一郎訳『英国ビジネスの進化――その実証的研究，1720－1994――』文眞堂，2000年，pp. 162-163.）
25) バートレット＝ゴシャールによれば，「リーバはもともと細部重視型，実行型の経営者で，事業のあらゆる面について，常に細かく動きを追っていた。海外子会社が世界各地に広がりその数を増やしていっても，彼はたびたび現地へ出向いて，すべての子会社と緊密な連絡を図っていた。彼は海外子会社の責任者を個人的に任命して，（必ず国外在住の英国人であった），不動の忠誠を要求した。」という。Bartlett C. A. and Ghoshal S. (1989) *Managing Across Borders: The Transnational Solution,* Harvard Business School Press, p. 40.（吉原英樹監訳『地球市場時代の企業戦略』日本経済新聞社，1990年，p. 48.）
26) ライオン油脂株式会社（1979）『ライオン油脂60年史』p. 10．後に小林は実弟の山岸三之助に「スワン浮石鹸」の輸入代理権を譲渡している。ライオン油脂株式会社，前掲書，p. 12.
27) ライオン以外にも1909年に三越化粧品部がスワン浮石鹸を輸入したという記録もある。花王社史編纂室（1993）『花王史100年・年表／資料（1890－1990年）』p. 19.
28) 『報知新聞』1907年8月11日.
29) 島田義照（1932）『日本石鹸工業史』大阪石鹸商報社営業所，p. 170.
30) Wilson, Charles, *op. cit.,* p. 191.（邦訳：p. 214.）
31) 生産額は化粧用石鹸、工業用石鹸、洗濯用石鹸その他を含めた合計の額である。化学工業編（1925）『明治工業史』工学会，p. 579.
32) Wilson, Charles, *op. cit.,* p. 192.（邦訳：p. 214.）
33) Wilson, Charles, *op. cit.,* p. 192.（邦訳：p. 214.）
34) 日本油脂工業会，前掲書，p. 42.
35) 島田義照，前掲書，pp. 207-212.
36) 日本油脂株式会社（1967）『日本油脂三十年史』p. 96.
37) 宇田川勝（1987a）「戦前日本の企業経営と外資系企業（上）」『経営志林』（法政大学）第24巻第1号，p. 17.
38) 日本油脂工業会，前掲書，p. 41.
39) 日本油脂株式会社，前掲書，pp. 96-97.
40) 同地域には1907年に旭硝子と東亜セメント（後に浅野セメントと合併）

第6章　リーバ・ブラザーズの対日投資と現地経営

が、1911年に大阪亜鉛工業尼崎工場、1912年に岸本製釘所（後に住友伸銅所が買収）が次々と工場を建設した。尼崎港築株式会社（1999）『尼崎港築70年史』p.28.
41) 日本油脂工業会，前掲書，p.42.
42) 「日本リーバー・ブラザース株式會社」閉鎖登記簿謄本（神戸地方法務局）の記録による。
43) 文献・資料によっては「日本リバーブラザーズ株式会社」、「日本リーバーブラザース株式会社」、「リーヴァブラザーズ」と記載されているものがみられる。これらは同一の企業であると考えられるため、本書では特別な事情がない限り「リーバ・ブラザーズ」と記載している。
44) 花王石鹸70年史編集室（1960）『花王石鹸70年史』p.25.
45) 閉鎖登記簿には、ジョン・リーバー・チロットソン、ジェームズ・ダーシー・リーバ、ヘンリー・トレビリアン・トーマスと名前が記載されている。
46) 「日本リーバー・ブラザース株式會社」閉鎖登記簿謄本（神戸地方法務局）の記録による。なお、閉鎖登記簿にはチャールズ・エドモンド・タットロー、アレキサンダー・マクドウェル、レスリー・ジョジー・フィッシャー、フランシス・ワトソン・アキーと名前が記載されている。
47) 日本油脂株式会社，前掲書，p.97.
48) 日本油脂工業会，前掲書，p.48.
49) 花王石鹸70年史編集室，前掲書，pp.31-32.
50) 日本油脂工業会，前掲書，pp.34-35.
51) 花王社史編纂室（1993）『花王史100年（1890-1990年）本史』p.23.
52) 『満州日日新聞』1915年5月10日。なお、ベルベットについては六百打と記載されていたので、個数に換算し直した。
53) 創業百周年記念事業委員会（1985）『株式会社 桃谷順天館創業百年記念史』pp.111-117. 『大阪朝日新聞』1927年9月20日に掲載された広告も参照されたい。
54) 両社の広告掲載件数にみられる違いについて、残念ながら、それについて言及した資料は現在のところ見つかっていない。ただ、考えられるとすれば、広告活動に関する目的の違いがここに表れているのではないかと考えられる。すなわち、長瀬商会が長期的なブランド構築を目的に広告を利用していたのに対し、リーバ・ブラザーズは在庫量を調整するために、広告を利用していたのである。このようなマーケティングに関する意識の違いが、広告掲載の姿勢に現れたのではないかと考えられる。
55) 日本油脂株式会社，前掲書，p.56.
56) 日本油脂株式会社，前掲書，p.95.

57) 花王石鹸70年史編集室，前掲書，pp. 32-33.
58) 日本油脂工業会，前掲書，p. 40.
59) 日本油脂工業会，前掲書，p. 56.
60) 『中外商業新報』1916年3月2日－3月3日。
61) リーバ・ブラザーズ尼崎工場は軍需工場として、日本政府や軍部と何らかの関わりがあった可能性もある。第一次大戦での経験は、各国で軍需工業に対する関心を促すことになった。各国政府は有事に備えて国家総動員の準備を進めるようになった。それは日本も例外ではなく、1918年に軍需工業動員法が制定された。これにより、軍需品の生産や修理に必要な工場や事業場は、戦時にはその全部または一部を政府の管理下に置かれることになった。政府は平時よりこれらの工場に関する様々な調査を行っていたほか、場合によっては奨励金などを与えていた。(軍田千春（1934）『軍需工業論』日本評論社，p. 49.) なお、陸軍省整備局統制課発行の「軍需工場事業場及同追録訂正」（1927年7月調）には名義変更の欄に「日本リバーブラザーズ株式会社」の名が記載されている。

しかし、同資料はあくまで追録であり、その基となった資料の所在はわかっていない。
62) 日本油脂工業会，前掲書，pp. 32-33. なお1920年以降、石鹸の輸出額は低迷している。1920年の457万円から1921年155万7千円、1922年182万2千円、1923年169万円、1924年366万4千円、1925年257万5千円となっている。
63) 日本油脂工業会，前掲書，p. 214.
64) 日本油脂工業会，前掲書，p. 60.
65) 日本油脂株式会社，前掲書，p. 98.
66) ライオン油脂株式会社，前掲書，p. 31.
67) Wilson, Charle, *op. cit.*, pp. 130-131.（邦訳：p. 148.）
68) しかし、品質に起因する問題だけでは、なぜ同社の製品が中国市場では受け入れられたのかを十分に説明することができない。この点については今後さらに追及していきたい。
69) 日本油脂株式会社，前掲書，p. 100.
70) 花王石鹸70年史編集室，前掲書，p. 36.
71) 花王石鹸70年史編集室，前掲書，p. 36.
72) 日本油脂株式会社，前掲書，pp. 98-100.
73) 1995年10月26日に開かれた「石鹸工業の技術史を語る」座談会（於：油脂工業会館）の席で、日本油脂（株）兵庫工場で硬化油製造を担当された西一郎氏が話された内容の記録にもとづく。（日本石鹸洗剤工業会・「油脂産業の歩みと未来を考える交流会議」主催）

74) ライオン油脂株式会社，前掲書，pp. 18-19.
75) 花王石鹸70年史編集室，前掲書，pp. 72-73.
76) 花王石鹸70年史編集室，前掲書，pp. 76-78.
77) ライオン油脂株式会社，前掲書，pp. 31-32. ならびに日本油脂工業会，前掲書，pp. 54-56.
78) 花王石鹸70年史編集室，前掲書，p. 38.
79) 花王石鹸70年史編集室，前掲書，pp. 33-34.
80) 友愛会は1912年に鈴木文治らによって創立された労働組合である。次第に全国的組織に発展して、1921年に日本労働総同盟と改称している。
81) 渡辺久雄編（1970）『尼崎市史 第3巻』尼崎市役所，pp. 486-487.
82) 大阪毎日新聞において当時の争議が次のように報じられた。「尼崎市外武庫川大庄村リバー・ブラザース株式会社石鹸工場七百余名の職工は支配人ナイト氏に対し現在四割の臨時手当に更に一割を増し本給に直し且三割の臨時賞与金を給与せよと要求し三十一日に至り会社側は手当を本給に返す事だけは認むるも其他の要求は容れ難しとの回答をなし職工側は全部の要求を容れられぬ限り罷業するの外なしと強硬な態度を持続したるが友愛会大阪支部の調停にて会社より日給五割を増加し七分及九分の手当を給する外、妻帯職工には一日三十五銭の米一升を廉売する事に譲歩し職工の三分の二以上の承諾ありて二日より就業する事となれり」。『大阪毎日新聞』1919年8月2日。なお旧漢字は常用漢字へと変換した。
83) 同社閉鎖登記簿による。
84) 渡辺久雄，前掲書，p. 489.
85) 友愛会に関する詳細については、隅谷三喜男，小林謙一，兵藤釗（1967）『日本資本主義と労働問題』東京大学出版会，pp. 170-176. を参照されたい。
86) 日本油脂株式会社，前掲書，p. 98. なお、尼崎工場に本国のような従業員住宅が建設されなかった理由としては次のようなものが考えられよう。産業革命を経験して間もない日本では、本国並みのあるいはそれに準ずる住宅を建てたとしても、労働者にその家賃を支払うだけの能力がないと判断されたこと。もともと尼崎工場の近隣には豊富な労働力があり、従業員住宅を建設する必要がないと判断されたことなどである。
87) Wilson, Charles, *op. cit.,* pp. 297-298. （邦訳：pp. 332-333.）
88) 神戸瓦斯株式会社（1940）『神戸瓦斯四十年史』p. 82. なお、資産の評価は工場敷地約5万5000坪の評価を坪単価25円とし、建物及び機械器具等を7掛けと見て算定したようである。
89) なお、これより先の1923年に上海工場が建設されていたので、日本からの輸出の必要性がなくなっていた。桑原哲也（2007）「日本市場へ後発的に参入

してきた多国籍企業の経験——ユニリーバ，1964～2000年——」『国民経済雑誌』（神戸大学）第196巻第1号，p.72.
90）神戸瓦斯株式会社，前掲書，p.82.
91）桑原哲也，前掲書，p.72.

第7章
英国企業のネットワーク——比較分析——

　本章では、本研究で取り上げた英国企業の現地経営の歴史を要約し、比較分析する。そうすることで、それぞれの事例にみられた特殊性や一般性を明らかにしたい。特にここでは、現地経営の成功と失敗に大きな影響を与えたであろう、ネットワーク構築のプロセスにスポットをあて、分析を試みる。

　まず、はじめにこれまでに取り上げた英国企業4社の事例を概略的に振り返り、比較分析する。次に、比較分析の結果明らかになった発見事実をもとに、ネットワークの構築が企業の競争力にどのような影響を与えたのか考察を加えていく。最後に、ネットワークの再編をグローバル経済の動向と関連づけて説明していく。

　このような分析を通じて、事例研究に関する理解をさらに深めるための知識を提供する。

1．新興市場におけるネットワークの構築

（1）サミュル商会（ライジングサン石油）

　サミュエル商会は日本支店を設立する前から、東洋産貝殻の輸入などにより、日本との関わりを持っていた。そのサミュエル商会が日本支店を設立したのは、1876年であった（図7－1を参照されたい）。

　日本支店へは、サミュエルの実弟であったサムが派遣され、現地経営の準備が進められた。ロンドンから遠く離れた地でのビジネスに、サミュエルは彼自身が信頼する人物を派遣し、経営を託したのである。

　さて、その日本支店であるが、出店に際してはパートナーシップ形態が

とられた。明治政府のお雇い外国人であったページが、そのパートナーとなった。したがって、同商会にとって、日本は完全に未知なる市場というわけではなく、現地の事情を把握した人物の協力が得られることを前提に、進出を決意したのである。

　日本市場において、サミュエル商会は初期には居留地での商取引に従事した。そこでさまざまな事業が展開されたが、なかでも注目すべきものが金融ビジネスであった。チャータード・バンクのミッチェル家と血縁関係にあったミッチェルが日本に派遣されており、彼がこの取引における重要な役割を果たした。

　サミュエル商会の多様な事業のなかで、特に現地市場において飛躍的に成長したものが石油販売であった。1891年に、同商会はロスチャイルド系の石油販売会社・ブニトからロシア産石油を調達し、これを日本市場で販売した。当時はまだ、外国人による居留地外でのビジネスが禁じられていたことから、石油は浅野石油部などの現地企業を介して、日本市場で販売された。

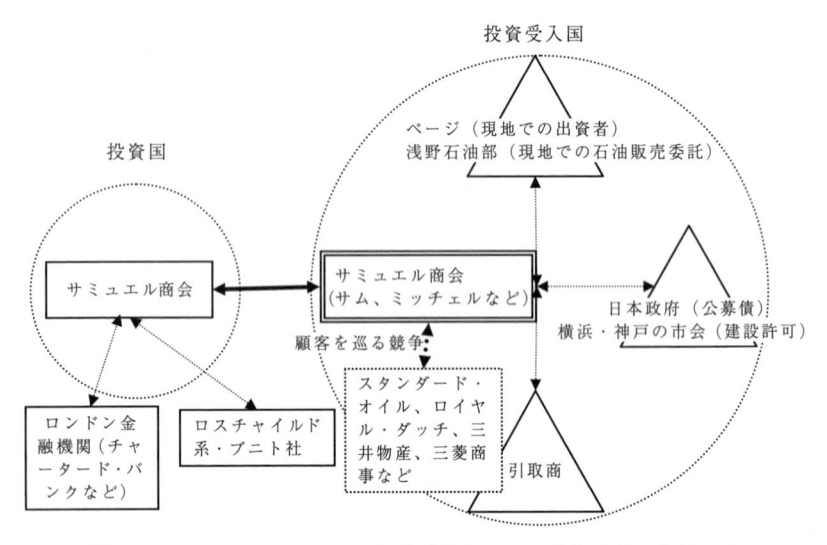

図7－1．1870's～1900'sにおけるサミュエル商会のネットワーク

第 7 章　英国企業のネットワーク

　ところで、タンカー船で運ばれてくる石油を貯蔵するためには、油槽所が必要であった。そこで、横浜や神戸など全国各地に油槽所が建設されたが、そのためには行政機関との連携が必要であった。横浜や神戸では、建設に際しては市会での了承を得なければならなかったことから、これらとの結びつきが必要であった。

　日本市場においては三井物産、三菱商事などの商社も石油を取り扱っていたが、そのなかでも圧倒的な競争力を有していたものが、アメリカのスタンダード・オイルであった。スタンダード・オイルとサミュエル商会との間に、たびたび灯油市場を巡る価格競争が生じた。

　居留地制度が廃止される頃になると、サミュエル商会の石油ビジネスに変化が生じた（図7－2を参照されたい）。1900年、サミュエル商会は石油事業部門を分離し、新たにライジングサン石油を設立した。

　本国では、サミュエル商会の石油事業部門であったシェル・トランスポートと、オランダの石油会社ロイヤル・ダッチとが合同し、ロイヤル・ダッチ＝シェルグループが誕生した。ライジングサン石油は、ロイヤル・

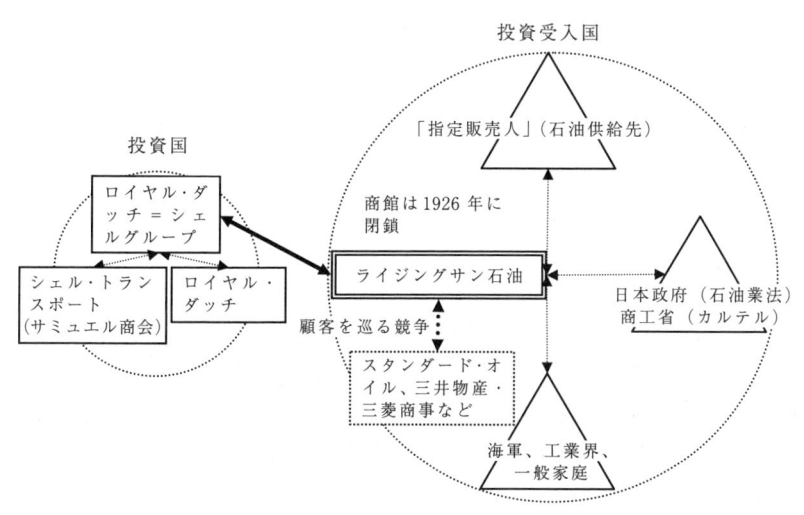

図7－2．1900's～1940'sにおけるライジングサン石油のネットワーク

173

ダッチ＝シェルグループの傘下に置かれた。

　この頃になると、ライジングサン石油はこれまでに浅野石油部などの代理店に与えていた一手販売権を廃止し、新たに「指定販売人」制度を設けた。石油は指定販売人を介して市場に供給された。

　また、ライジングサン石油は、燃料としての石油の利用を提唱し、新たな市場の開拓を試みた。同社は日本海軍に働きかけ、船舶用重油の利用を促した。日英同盟を背景に、ライジングサン石油は軍部との関係を深めていった。

　1930年代になると、日本政府は石油業法など、排外的な産業政策を打ち出すようになった。また、商工省の斡旋により、国内石油事業者との間にカルテル協定が締結され、販売量が割当てられた。ライジングサン石油のビジネス活動は制約されるようになった。

　しかし、このような状況下にあっても、ライジングサン石油はスタンダード・オイルとともに石油輸入元企業として高いプレゼンスを維持した。ロイヤル・ダッチ＝シェルグループが世界的な規模で油田を保有していたこと、また、その供給に必要な流通能力を有していたことが、現地経営における競争優位となった。1941年時点で、外資系企業（外資比率50％以上）のなかで、最大の資産を保有する企業となった。

　なお、石油事業の成長とは対照的に、サミュエル商会の商会ビジネスは、日本における総合商社の発展の前に経営が行き詰まった。日本からは1926年に撤退した。

（2）英国Ｂ＆Ｗ

　英国Ｂ＆Ｗは、横浜でＢ＆Ｗ製ボイラーの販売代理店を営んでいたムンスターから店舗を買い取り、1891年に日本に進出した（図7－3を参照されたい）。したがって、同社も完全に未知なる市場に、足を踏み込んだというわけではなく、それまでに積み上げられてきた現地ビジネスを踏襲したのである。

　日本市場において、Ｂ＆Ｗ日本総支社は三井物産との関係を重視し、事

第7章　英国企業のネットワーク

業を展開した。三井物産とはほとんど一手販売のような関係であった。

　一方、B＆W日本総支社はボイラーの円滑な納入を実現するために、紡績連合会の協力を得て、第一機関汽罐保険会社を設立した。これによって、先進国におけるボイラーの管理制度を導入し、日本におけるボイラー関連法規を改正することに成功した。

　また、B＆W日本総支社は現地の禅馬ウォルクスリミテッドを買収し、工場設備を取得した。工場ではボイラーの修理と部品の製作、工作機械の製作を行った。ボイラーは英国本国から輸入されており、第二次大戦前に同工場で現地生産されることはなかった。

　ボイラー市場を巡っては三菱造船所、田熊汽缶製造、日立製作所など現地企業の新規参入もみられたが、ファースト・ムーバーであったB＆W日本総支社の地位が揺らぐことはなかった。日本市場において、同社は独占的な地位を得ることに成功した。

　しかし、日本国内において外資に対する排除的な動きが生じると、B＆

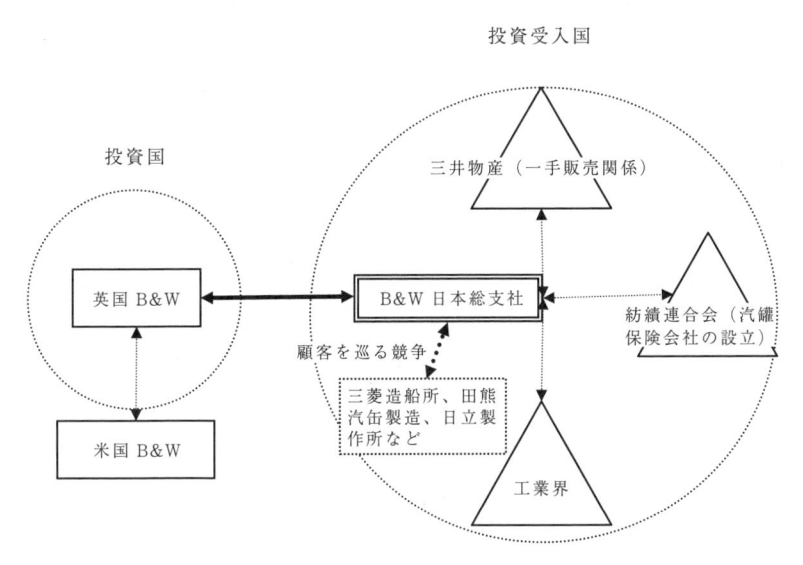

図7－3．1900's～1920'sにおけるB＆W日本総支社のネットワーク

175

W日本総支社は三井物産との事業合弁化を進めた（図7－4．を参照されたい）。英国B＆WはB＆W日本総支社を廃止し、1928年に三井物産との合弁で、新たに東洋バブコックを設立した。出資比率は英国B＆W60％、三井物産40％であった。B＆W日本総支社を三井系企業とし、現地経営を継続することを選択したのである。

　このような試みが成功し、事業合弁化後も、東洋バブコックは日本における業績を保った。市場シェアの6～7割を維持した。日本政府による為替管理により製品輸入は規制されたが、資産を接収されるまで現地経営を継続した。

（3）ダンロップ

　ダンロップは、日本国内の政財界や関係者の求めに応じて、対日進出を決意した（図7－5を参照）。ダンロップ製タイヤの極東代理店であったグリア商会が、その誘致活動の中心となった。したがって、同社も完全に未知なる市場に足を踏み入れたわけではなかった。

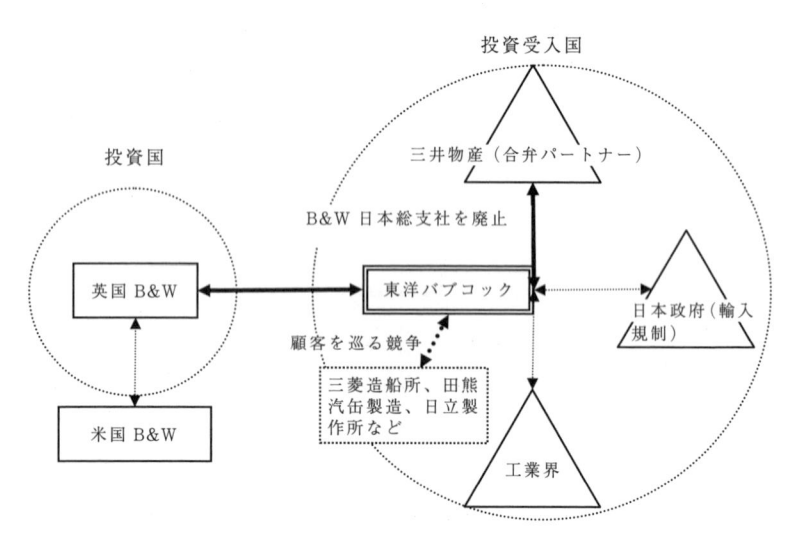

図7－4．1920'ｓ～1940'ｓにおける東洋バブコックのネットワーク

第7章　英国企業のネットワーク

　ただし、ダンロップそのものは、この時点で資本参加はしていない。1909年に同社のチェアマンであったデュクロが出資し、香港にザ・ダンロップ・ラバー・カンパニー（ファー・イースト）リミテッドを設立、そして、同社の支店としてダンロップ護謨（極東）日本支店を設立した。ダンロップは、技術援助を行うにとどまった。グリア商会が極東地域における製品供給を担った。

　日本タイヤ市場を巡っては輸入タイヤ（グッドリッチ、グッドイヤー、ユーエス・ラバーなど）との間に競争が繰り広げられた。ダンロップ護謨（極東）は生産体制の拡充、サービス体制の整備により、市場防衛につとめた。本国本社からの技術援助が、競争優位の源泉となった。やがて、金輸出再禁止により為替相場が急落すると、輸入タイヤは価格競争力を失い、日本市場から撤退した。ダンロップ護謨（極東）日本支店は独占的な市場を構築することに成功した。

　ダンロップ護謨（極東）日本支店は自動車タイヤを大倉組系列の日本自動車を通して、市場に供給した。また、同社は日本市場において軍需にも

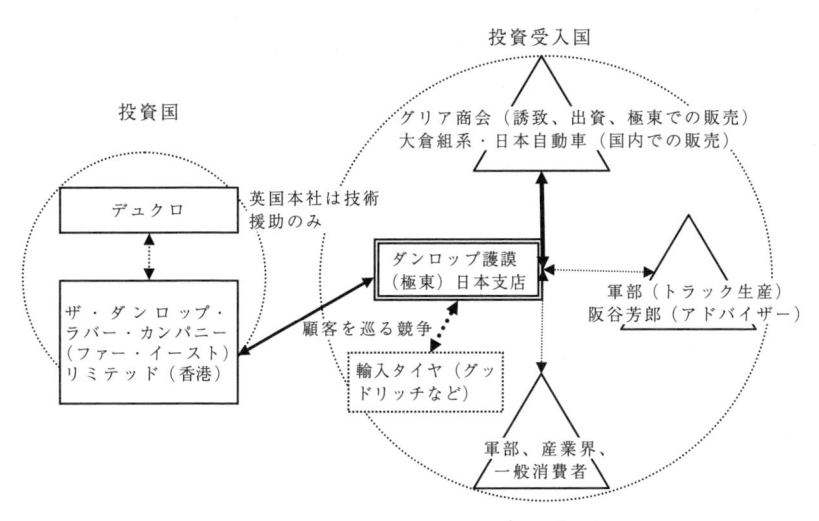

図7－5．1900'ｓ～1910'ｓにおけるダンロップのネットワーク

177

応えた。当時、武器の輸送手段となるトラックの生産が奨励されており、タイヤ市場が拡大していた。日英同盟を背景とした軍部との関係は、ダンロップ護謨（極東）の経営に積極的な影響を与えた。

　ダンロップとダンロップ護謨（極東）日本支店の関係は、1916年頃から変化した（図7－6を参照されたい）。この年、ダンロップ護謨（極東）日本支店が日本法人として改組された。同社は香港のザ・ダンロップ・ラバー・カンパニー（ファー・イースト）リミテッドが所有していた資産のうち、中国大陸を除く全ての財産を引き継いだ。この時、ダンロップの日本誘致に加わっていたメンバーのひとりであるミルワードが、グリア商会の株式持ち分を買い取り、経営支配権を握った。

　1921年からは、ダンロップ本社も現地企業への資本参加を決めた。1927年には、ダンロップが現地子会社の株式の過半数を握るようになった。さらに、外資に対する圧力が高まると、ミルワードの持ち分をも買い取り、ダンロップ護謨（極東）を完全所有子会社とした。

　ダンロップ護謨（極東）が設立された当初、日本国内に強力な競合企業は存在しなかった。しかし、1930年代になると、国内から競合企業が台頭

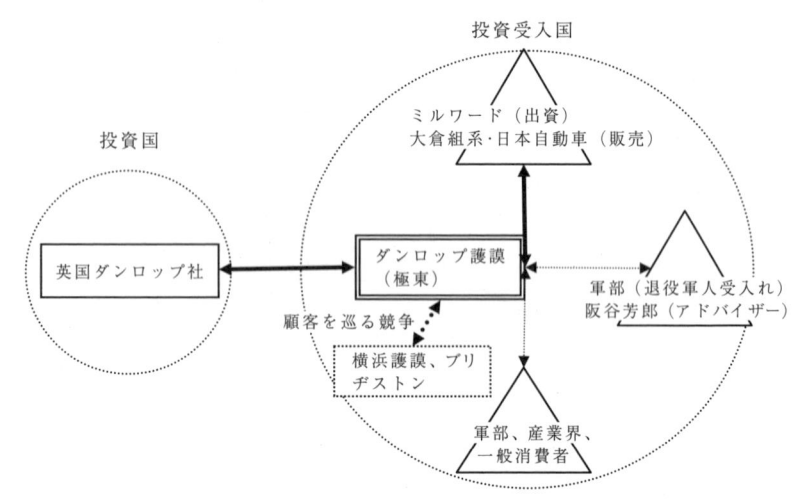

図7－6．1910's～1940'sにおけるダンロップのネットワーク

した。グッドリッチと、古川財閥系の横浜電線製造との合弁で設立された横浜護謨や、日本足袋を母体企業とするブリヂストンがそれらであった。国内の競合企業は次第にダンロップ護謨（極東）の市場を奪い、独占体制が崩れた。市場は寡占的な状態となった。

やがて、日英両国の関係が悪化し、外国資本に対する規制が強化されるようになると、ダンロップ護謨（極東）は大倉組との事業合弁化を試みた。だが、この計画は失敗に終わった。このため、ダンロップ護謨（極東）は軍部から退役軍人を経営陣に招き入れ、現地組織との関係強化を図った。

しかし、このような試みだけで、外資としての不利を克服することはできなかった。最終的に、ダンロップ護謨（極東）は日本政府に接収された。

戦時体制下にあって、現地経営を抑制されたことは、ダンロップ護謨（極東）に負の影響を与えた。横浜護謨、ブリヂストンが戦時体制下で市場シェアを伸ばしていたのに対し、ダンロップ護謨（極東）は厳しい経営状況下に置かれた。この状況は、戦後の経営にも影響を及ぼした。

（4）リーバ・ブラザーズ

リーバ・ブラザーズは、1905年より小林商店（現在のライオン）を通じて、日本市場へ製品を供給した。だが、やがて関税障壁が設定されると、同社は市場防衛を目的に、対日投資を決断した（図7－7を参照されたい）。同社は1910年に兵庫県尼崎市に大規模な工場を建設し、現地生産に着手した。

リーバ・ブラザーズが対日投資を決断したもう一つの理由に、原料の確保があった。日本において、原料として注目されたものが魚油であった。同社は硬化油技術を有しており、魚油から固形油脂を生産することが可能であった。日本国内では、鈴木商店の製油事業部門や横浜魚油といった企業が搾油しており、これら企業から原料を調達することができた。

リーバ・ブラザーズは、尼崎工場で生産した石鹸を国内市場で販売するほか、大阪飯田商店などを通じて、海外市場へも輸出した。また、桃谷順天堂と提携して「美顔石鹸」を創製し、それを受託生産した。しかし、さ

まざまな理由から、国内での石鹸販売は伸び悩んだ。「美顔石鹸」の試みも失敗に終わり、桃谷順天堂との提携関係も解消された。

石鹸とならぶ同社の有力な商品のひとつにグリセリンがあった。対日投資に踏み切る以前から、リーバ・ブラザーズは大量のグリセリンを日本に輸出していた。グリセリンは爆薬の原料にもなったことから、同社は軍部との関係を持っていたと思われる。リーバ・ブラザーズが日本に進出した当時、競合企業としての国内油脂企業は零細規模のものが多く、技術レベルも低い水準にあった。グリセリン精製において、リーバ・ブラザーズ尼崎工場は業界の主導的な立場にあった。

ところが、リーバ・ブラザーズが対日投資を行ってから間もなく、国内の情勢に変化が生じた（図7－8を参照されたい）。鈴木商店の製油事業部門や横浜魚油といった魚油の供給先企業が川下統合を進め、硬化油事業に参入してきたのである。これら企業は第一次大戦勃発を契機とする世界的な油脂不足から、硬化油事業への参入を決断した。この影響から、リーバ・ブラザーズ尼崎工場では、魚油の調達が難しくなった。同社は原料へのア

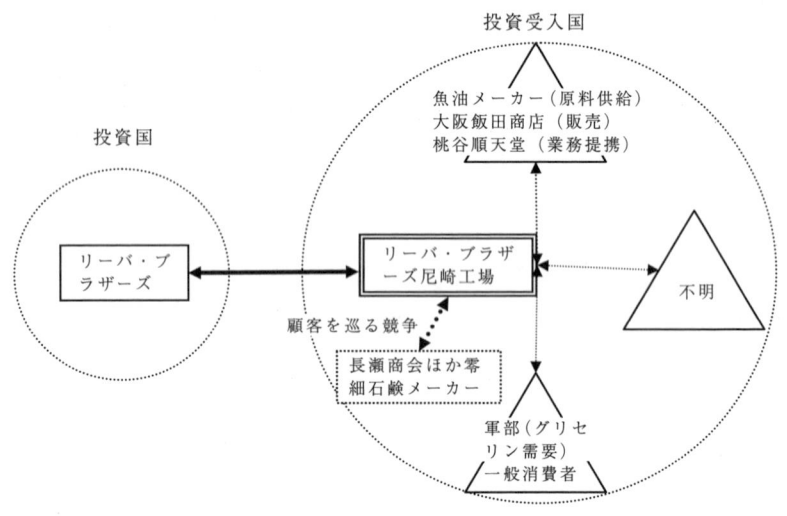

図7－7．1910'sにおけるリーバ・ブラザーズのネットワーク

クセスに不利な状況に置かれた。

また、大規模な化学工業企業も石鹸やグリセリンの生産に着手した。これら企業は、政府支援のもとで急成長を遂げた。

一方、リーバ・ブラザーズは本国本社の経営状況が悪化したことから、日本における事業の継続が困難になった。そのため、1925年に日本市場から撤退した。

以上、英国企業4社における現地市場でのネットワークの構築とその変化を概観した。その結果、①比較的に高い業績を残すことができた企業には、革新的な経営行動がみられたこと、②英国企業の日本進出直後と、その後では、現地の利害関係者との関係に変化が生じたこと、そして、③ネットワークの変化は、企業の経営の在り方に影響を与えたことが明らかになった。

これらの発見事実は何を意味するのであろうか。次にこの点について、考察を加えていくことにする。

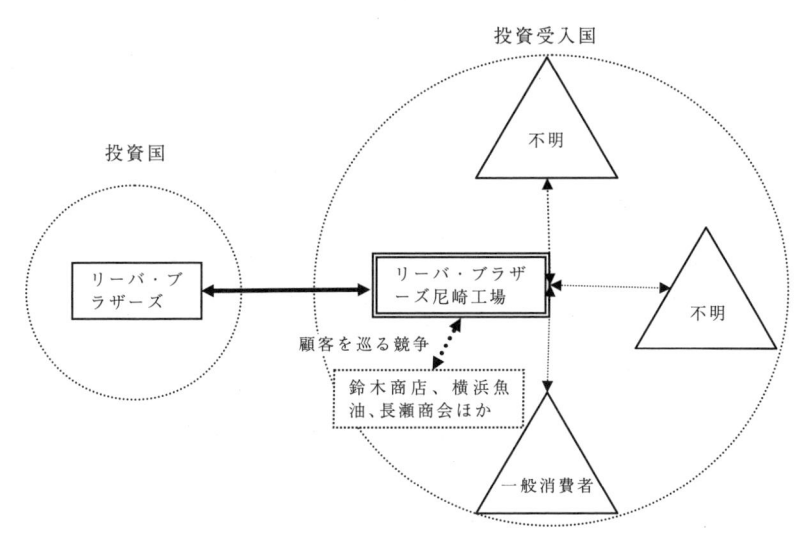

図7-8. 1920'sにおけるリーバ・ブラザーズのネットワーク

2．ネットワークの構築と企業の競争力

現地市場における競争とイノベーション

　現地企業からのキャッチアップという問題に対し、それに上手く対応できた企業はどのような行動を取ったのだろうか。その秘密を読み解くキーワードとなるものがイノベーションである。ここでのイノベーションとは、シュンペーター（Schumpeter, J. A.）の提示した新結合を考えている。すなわち、生産要素を全く新たな組み合わせで結合し、新たなビジネスを創造することである。シュンペーターはイノベーションの種類として、新しい財貨の生産、新しい生産方法、新しい販路の開拓、原料あるいは半製品の新しい供給源の獲得、新しい組織の実現、以上の5つを上げている[1]。

　英国企業は圧倒的な所有優位を持って日本市場へ参入してきたが、生産性・効率性といった面での競争力だけでは、生き残ることができなかった。リーバ・ブラザーズ尼崎工場の事例は、その典型的なものであった。同社は初期には現地企業を圧倒する生産設備や技術を有していたが、日本政府が機械設備を貸与することで、あるいは中小規模企業の統廃合をすすめることで自国企業の競争力を高めると、同社の競争力が相対的に低下していった。

　したがって、日本市場において現地子会社が生き残るためには、創造性・革新性といった面で差別化を図り、競合企業との競争に臨む必要があった。例えば、サミュエル商会（ライジングサン石油）は、タンカー船による石油の輸送や、船舶の燃料転換を実現した。B&W日本総支社はボイラー保険会社を設立し、これによって、ボイラーの納入・保守管理に関する新たな制度の導入に成功した。ダンロップ護謨（極東）は大倉組系の日本自動車の支店網を利用し、サービスマンの全国的な分駐というサービス体制を確立した。

　このように、中長期にわたり現地経営を継続できた英国企業は、新しい販路の開拓や新しい組織の実現などにより、創造的破壊に成功した。生産

性や効率性とは異なる競争条件を作り出すことで、現地の競合企業との競争を有利に進めた。

ネットワークの構築と対日投資

　現地子会社による革新的な企業行動のなかで、もうひとつ興味深いことは、現地子会社が単独でイノベーションを成し遂げていたのではなく、外部組織との相互関係のなかで実現していたということである。

　例えば、サミュエル商会（ライジングサン石油）は、現地の政財界との関わりのなかでタンカー船を利用した流通体制の確立を実現し、軍部などとの関係のなかで船舶の燃料転換を実現した。B＆W日本総支社は、紡績業関係者などとの関わりのなかでボイラー保険会社を設立し、ボイラーの納入・保守管理に関する制度導入を実現した。ダンロップ護謨（極東）は大倉組系の日本自動車との相互関係のなかで、販売体制におけるイノベーションを実現した。

　イノベーションを実現するためには、そのための源泉が必要になるが、これらは本国本社から移転される経営資源や、現地の組織が保有する資源のなかに存在していた。むしろ、現地に存在する知識や情報のほうが現地市場とマッチしており、有効なものが多かった。外国企業としての不利を補うためには、これら知識の異質性を認識し、それを自身の保有する資源と組み合わせることで新結合を実現する必要があった。

　したがって、ネットワークは偏在する知識を融合し、イノベーションを実現するための場として機能した[2]。その成果が、業績として反映された。

3．グローバル経済の変化とネットワークの再構築

日英関係の変化とネットワーク

　ネットワーク構築の難易度は、グローバル経済の動向や当該国間関係に左右された。各事例研究から、企業はグローバル経済の拡張期には外部組織との連携に向かう傾向にあるが、グローバル経済の縮小期には事業の内

部化に向かう傾向にあることがわかる。

　まず、グローバル経済が拡張した19世紀後半より、日英両国においては良好な外交関係が築かれた。日清戦争（1894〜98年）を境に両国は交流を深め、さらに、日英同盟（1902年）の締結によって、同盟国となった。日本においては英国の企業や人々、そして、その背後にある社会や文化を受け入れる寛容性（tolerance）が高まった[3]。企業がネットワークを構築するために必要となるものが、相互間の信用や信頼である[4]。したがって、両国における友好関係は、企業レベルでの交流に、積極的な影響を与えた。

　しかし、第一次世界大戦勃発以降からグローバル経済が縮小すると、状況に変化が生じた。この時期、日本においてはマクロ経済の不振とともに、外国企業に対する受容性が低下し、政府が外国企業のビジネス活動を規制するようになった。ナショナリズムが高揚しはじめた。

　日英両国においては、相互関係の悪化を背景に、個別企業の経営内容という次元を越えて、英国企業の現地子会社に対する信用や信頼が低下した。日本企業は事業の内部化を進め、外国企業との取引を排除しはじめた。三井、三菱、住友、安田などの財閥を中心に、企業の支配・統制がすすんだ。

　このような状況は、英国企業の現地経営にとって不利なものとなった。人的流動性が失われ、組織間の結びつきが弱まったのである。外部組織との関わりのなかでイノベーションを実現し、競争優位を構築するというモデルが無効になったのである。

ネットワークの再構築

　日英関係の変化によって、英国企業と現地にある外部組織との間に築かれた初期のネットワークのバランスが崩れた。このようなバランスの変化は既存市場の姿を変え、挑戦者企業の出現を促した[5]。石油業界における日本石油、小倉石油、三井物産、三菱商事、ボイラー業界における三菱造船所、田熊汽缶製造、日立製作所、ゴム・タイヤ業界における横浜護謨、ブリヂストンなどがそれら企業であった。現地市場で存続するために、現地子会社はネットワークを再構築するための新たな意思決定を迫られた。

第7章 英国企業のネットワーク

　ネットワークの再構築にあたり、各社がとった行動は多様であった。サミュエル商会は1926年に商館を閉鎖し、日本市場から撤退したが、石油ビジネスは子会社のライジングサン石油に引き継いだ。ライジングサン石油はロイヤル・ダッチ＝シェルグループの所属企業として、事業を展開した。1934年に日本政府は石油業法を制定し、統制を強めたが、ライジングサン石油は本国本社との結びつきを強化することで、日本における石油元売りとしての地位を維持した。

　ライジングサン石油の親会社であるロイヤル・ダッチ＝シェルグループは、世界的な規模で油田を保有しており、またその供給に必要な流通能力も備えていた。このようなコア・コンピタンス[6]の存在が、現地に存在する外部組織とのネットワーク再構築を支えた。

　英国B＆Wは1928年に現地子会社を現地企業との合弁会社とした。同社は現地子会社を解散し、新たに東洋バブコックを設立した。英国B＆Wが60％、三井物産が40％を出資した。B＆W日本総支社は新興企業の追随を振り切るために、強力な販売力を持つ三井物産との関係強化を図った。

　このようなネットワークの強化・構築により、B＆W日本総支社もまた、業績を維持することができた。英国B＆Wは製品に対する信頼や評判、アフターサービスといった面で優れており、このような競争力がネットワークの再構築に有益であった。

　ダンロップは英国B＆Wと同様に、現地企業との事業合弁化を模索した。その交渉相手となったものが大倉組であった。しかし、三度行われた交渉は結果的に成功せず、ダンロップは単独で戦時経済下での事業を展開することになった。このような事態に直面し、英国本社は現地子会社の株式のほぼすべてを取得し、コントロールを強めていった。

　一方で、現地子会社は日本海軍の退役軍人を経営陣に迎え入れるなど、現地の利害関係者とのネットワークの再構築を図り、外資としての不利を回避しようとした。だが、このような試みは上手くは行かなかった。最終的に横浜護謨やブリヂストンに市場を奪われた。

　ダンロップ護謨（極東）においては、同社が顧客に提供してきた価値が、

既に国内の現地企業でも提供できるものとなっていた。したがって、同社の持つ競争能力は、ネットワークの再構築を実現できるだけの力を失っていた。

　リーバ・ブラザーズ尼崎工場は、政府支援を受けた現地企業が急速に技術的なキャッチアップに成功したことから、競合するようになった。そして、競合企業が原料を押さえはじめると、生産に支障をきたすようになった。

　また、現地子会社そのものの工場経営の失敗により、経営状況が悪化した。同社は日本進出時から、現地に存在する外部組織との関係構築ができていなかった。そのために、顧客のニーズや原料の特性といった市場の情報に疎かった。同社はわずか15年ほどで存在意義を失い、日本から撤退した。

　このように、現地子会社は本国本社とのパイプの強化や、資本・技術提携による財閥ネットワークへの参加など、多様な選択を行い、ネットワークを再編した。しかし、現地子会社そのものに魅力がなかった企業、ないしは内部化へ向かった企業は、現地のネットワークから離脱した。このような企業は革新的適応に遅れ、業績が低下する傾向にあった。

要　約

　以上のように、本章ではこれまでに蓄積した個別事例についての比較研究を試みた。最後に本章で明らかになった点を要約し、結びとしたい。

　はじめに、これまでに取り上げた4つの企業におけるネットワークの構図を図式化しながら、確認した。そして、英国企業が置かれた環境と、現地経営でのネットワークの変化をみてきた。その結果、英国企業の多くが、日本国内における利害関係者との結びつきのなかで、進出を決意したこと、現地経営を展開するなかで、現地市場における他の組織との関係を組み替えていたこと、環境変化に対応するためのネットワークの変化が、現地経営の在り方と成果に影響を与えたことが明らかになった。

本章では、これらの発見事実について、さらなる考察を試みた。そのなかから、現地経営を有利に展開するためには、現地市場に革新的に適応する必要があり、その源泉として現地にある外部組織の持つ経営資源が必要であることが明らかになった。

　また、このようなネットワークは常に一定ではなく、日英両国の関係、英国本社そのものの競争力、現地子会社自体の存在によって、変化するという事実も確認できた。ネットワーク構築能力とグローバル経済の関係についても言及した。環境条件への適応が現地経営の継続にとって重要なものであった。

　今回の研究では、企業が持つ所有優位や[7]、当該国の立地といった要因に加えて、現地市場におけるネットワーク構築の可能性が、海外進出の動機や現地経営の成果に結びつくという事実を発見した。

注）
1） Schumpeter, J, A. (1926) *Theorie der wirtschaftlichen enrwicklung,* Duncker & Humblot, pp. 100-101.（塩野谷祐一，中山伊知郎，東畑精一訳『経済発展の理論（上）』岩波書店，1977年，pp. 182-183.）
2） 安室によれば、創造性を引き出すことのできるエネルギーの源泉は、異質な文化や知識体系が交差する空間のなかにあるという。安室はこれを「カルチュラル・シナジー」と呼んでいる。安室憲一（1992）『グローバル経営論』千倉書房，pp. 197-198.

　　また、ゲオルク・フォン・クロー、一條和生、野中郁次郎らは、組織または地理的な境界や文化の壁を越えて知識を共有することの重要性を指摘している。ゲオルク・フォン・クロー，一條和生，野中郁次郎（2001）『ナレッジ・イネーブリング　知識創造企業への五つの実践』東洋経済新報社．
3） フロリダによれば、寛容性の高い場所にはさまざまな種類の人を引き寄せ、新しい考えを生み出す強さがあるという。詳細については、Florida, Richard. (2002) *The Rise of the Creative Class,* Basic Books, pp. 249-250.（井口典夫『クリエイティブ資本論』ダイヤモンド社，pp. 313-315.）を参照されたい。
4） 若林によれば、互報関係の強さや、評判情報の流通の高さといった全体的な特性が組織間信頼の発達に影響を及ぼすという。詳細については、若林直

樹（2003）「社会ネットワークと組織間での信頼性——「埋め込み」アプローチによる経済社会学的考察——」『社会学評論』（日本社会学会）第54巻第2号，pp.160-161．を参照されたい。

5）チャンドラーによれば、急速な人口動態的な変化によって既存市場が変化したときや、技術変化によって新市場が創出され旧市場が消滅した時に、挑戦者企業が誕生しやすいという。詳細については、Chandler, A. D. Jr. (1990) *Scale and Scope: The Dynamics of Industrial Capitalism,* Harvard University Press, pp. 35-36．（安部悦生，川辺信雄，工藤章，西牟田祐二，日高千景，山口一臣訳『スケール・アンド・スコープ』有斐閣，1993年，p.28．）を参照されたい。

6）ハメル＝プラハラードによれば、コア・コンピタンスとは、「顧客に対して、他社にはまねのできない自社ならではの価値を提供する、企業の中核的な力」である。詳細については、Hamel G. & Prahalad C. K. (1994) *Competing For The Future,* Harvard Business School Press, p. 4．（一條和生訳『コア・コンピタンス経営』日本経済新聞社，1995年，p.11．）を参照されたい。

7）本国親会社から海外子会社への優位性の移転を可能にする組織能力について、日本のマザー工場システムを主たる分析対象として研究を進めたものに山口隆英(2006)『多国籍企業の組織能力』白桃書房．がある。これも参照されたい。

第8章
研究の到達点と残された課題

　ここでは、研究の到達点を示すとともに、今後明らかにすべき課題を示しておきたい。

　本書の目的は、英国企業による対日投資の歴史を明らかにすることを通じて、企業の国際化に関わる歴史知識を提供することにあった。研究対象とする時期を、19世紀末の日本市場開放から第二次大戦勃発の頃に至る期間に設定した。

　まず、本書では第1章において、研究の学術的背景や問題意識、本研究で明らかにすべき点、分析のためのフレームワークを提示した。具体的には、英国企業の対日投資に関わる研究の重要性、個別事例研究を行う上での要点、ネットワーク分析の必要性をここで示した。

　第2章においては、経営史、社会経済史分野における先行研究をもとに、日英を巡る国際的な企業関係の歴史を概観した。「居留地貿易体制下の時代」、「協調体制下の時代」、「対立関係下の時代」に時代を区分し、グローバル・ビジネスの舞台と、そこに立つ企業の歴史を概略的にみてきた。

　そして、第3章以下の4つの章で、英国企業による対日投資の事例を取り上げた。ここでは、英国企業による対日投資の歴史すべてを取り上げることができなかったため、企業規模や日本での影響力、先行研究の動向をみて、主要なもの4社に絞った。

　最後に、第7章において各事例の比較分析を行った。そこで、現地経営の成功と失敗のポイントとして、企業を取り巻くネットワークを戦略的にマネジメントすることの重要性を提示した。

　ただ、研究を進めるなかで、いくつか課題も残されることになった。ひとつは、資料収集に関する問題である。経営史研究においては一次資料を

いかに集めるかが重要なポイントとなる。しかし、今回取り上げた企業については、その資料の多くが散逸しており、断片的なものしか収集できなかった。収集できた資料についてもほんの一部であり、まだまだ多くのものが企業の倉庫や、図書館の書庫、民家の押入れなどに埋もれている可能性がある。これら資料を継続的に探し求める必要がある。

　また、経営史研究においては意思決定の領域に踏み込むことが重要であるが、そのためには経営者個人の人物像に迫る必要がある。しかし、今回の研究ではそこまで踏み込むことができなかった。経営者やその周辺の人々が残した手記や逸話などを探し出し、人物に焦点をあてた研究も同時に進める必要がある。歴史は人間がつくるものである。経営に携わる者の喜びや悲しみ、苦悩といった内面に迫ることで、より歴史が鮮明になるのではないかと考えている。

　二つめの課題は、事例研究のさらなる蓄積である。今回の研究では、主要な英国企業4社を取り上げた。そのために、ウィルキンソンタンサン、グリンネルスプリンクラー、中外舎密工場、モーガンナイト・カーボン、万国塗料製造所などといった中小企業の研究を行っていない。特に、個人経営のような企業については、まったく触れることがなかった。グローバル・ビジネスの本来の姿を描き出すためにも、これら企業を対象とした研究を進めていく必要がある。

　三つめの課題は、二国間関係史の蓄積と比較研究の展開である。今回の研究では、第二次大戦前の日英関係に研究対象を限定した。しかし、日本の国際関係経営史はこの2カ国だけでなく、例えば南米やアフリカといった地域の企業や人々との間でも繰り広げられている。その内容も、日本に進出してきたものもあれば、日本から進出していったものもある。今後、さらにこれら国際関係経営史を蓄積するとともに、それぞれを比較研究することで、特殊性と一般性を追求する必要がある。国際関係経営史の深化が必要である。

　そして、最後に国際関係経営史における本研究の位置づけである。国際関係経営史に関する研究ははじまったばかりで、まだまだ研究の余地が残

第8章　研究の到達点と残された課題

されている。研究方法や分析視角についてもまだ確立されていない。本研究にしても、「国際関係経営史」とはまだまだ名ばかりで、新しい領域を切り開くだけの力を持ち得ていない。しかし、ネットワーク研究の進展からもわかるように、これからの歴史研究は企業内部の追求にとどまらず、外部への広がりを持たなければならない。現実の企業活動が、個の枠組みを越えて展開されているためである。この現実を踏まえなければ、企業活動の歴史を解明することはできない。今後は国際関係経営史のあり方についても追求して行く必要がある。

　以上が、本書を執筆し終えて、明らかになった課題である。

参考資料

尼崎港築株式会社（1999）『尼崎港築70年史』.
Babcock & Wilcox Limited. and The Babcock & Wilcox Company. (1922) *Steam: Its Generation and Use*.
Babcock & Wilcox Limited. (1934) *Balance sheet, 31st December*.
バブコック日立株式会社（2000）『日立のボイラ100年史』.
ブリヂストンタイヤ（1982）『ブリヂストンタイヤ五十年史』.
『中外商業新報』1916年3月2日－3月3日.
日比野重郎（1918）『横浜近代史辞典（改題横浜社会辞彙）』（復刻版：湘南堂書店、1986年）.
日立造船株式会社（1985）『日立造船百年史』.
石橋正二郎伝刊行委員会（1978）『石橋正二郎』ブリヂストンタイヤ株式会社.
『時事新報』1934年10月30日.
株式会社ライフ（1990）『安田火災百年史』安田火災海上保険株式会社.
株式会社タクマ社史編纂委員会（1989）『タクマ50年史』.
株式会社禅馬鉄工所（発行年不明）『職工就業規則 職工扶助規則』（横浜開港資料館所蔵）.
化学工業編（1925）『明治工業史』工学会.
花王石鹸70年史編集室（1960）『花王石鹸70年史』.
花王社史編纂室（1993a）『花王史100年（1890－1990年）本史』.
花王社史編纂室（1993b）『花王史100年・年表／資料（1890－1990年）』.
神戸瓦斯株式会社（1940）『神戸瓦斯四十年史』.
神戸市（2000）『新修 神戸市史 産業経済編Ⅱ 第二次産業』.
「小泉製麻百年のあゆみ」編纂委員会編（1990）『小泉製麻 百年の歩み』小泉製麻.
ライオン油脂株式会社（1979）『ライオン油脂60年史』.
『満州日日新聞』1915年5月10日.
三菱重工業株式会社（1981）『三菱神戸造船所75年史』.
三井文庫（1980）『三井事業史 本篇 第三巻上』.

193

三井物産会社（発行年不明）「取締役会議録」第二号（三井文庫所蔵史料　物産 2010）．

モービル石油株式会社（1993）『100年のありがとう　モービル石油の歴史』．

森田忠吉編（1980）『横濱成功名譽鑑〈復刻版〉』有隣堂．

Morton-Cameron, W. H. and Feldwick, W. (1919) *Present day impressions of Japan: the history, people, commerce, industries and resources of Japan and Japan's colonial empire, Kwantung, Chosen, Taiwan, Karafuto,* Globe Encyclopedia.

武藤勲（1959）「ダンロップ五十年の歩み」『ダンロップニュース』．

武藤健（1932）「日本に於けるゴム工業の過去、現在及び將來」『日本護謨協會誌』（日本護謨協會），第5巻第1号．

Nielsen, M. (1967) *The Babcock & Wilcox Company 1867-1967 A Century of Progress,* The Babcock & Wilcox Company.

日本ゴム工業史編纂委員会編（1950）『日本ゴム工業史』日本護謨工業会．

日本ゴム工業会（1971）『日本ゴム工業史　第3巻』．

日本蓄音器商会（1940）『日蓄（コロムビア）三十年史』．

日本興業銀行外事部（1948）『外国会社の本邦投資（過去に於ける事例の研究）』．

「日本リーバー・ブラザース株式會社」閉鎖登記簿謄本（神戸地方法務局）．

日本石油株式会社編（1917）『日本石油史』．

日本石油株式会社編（1958）『日本石油史』．

日本石油株式会社編（1988）『日本石油百年史』．

日本製鋼所（1968）『日本製鋼所社史資料《下巻》』．

日本油脂株式会社（1967）『日本油脂三十年史』．

日本油脂株式会社（2000）『躍動の90年』．

日本油脂工業会（1972）『油脂工業史』．

大蔵省編（1969）『第二次大戦における連合国財産処理（資料編）』．

『大阪朝日新聞』1927年9月20日．

『大阪毎日新聞』1919年8月2日．

大月社会問題調査所（1934）『外国資本を繞る二つの紛争議例』．

Reader, W. J. (1960) *UNILEVER: A Short History,* Unilever House.

陸軍省整備局統制課「軍需工場事業場及同追録訂正」（1927年7月調）．

雀部昌之介（1970）『私は六十年社員』バンドー化学株式会社．

石油連盟（1959）『石油100年の歩み』．

島田義照（1932）『日本石鹸工業史』大阪石鹸商報社営業所．
創業百周年記念事業委員会（1985）『株式会社 桃谷順天館創業百年記念史』．
住友ゴム工業株式会社（1989）『住友ゴム八十年史』．
シェル興産株式会社（1990）『日本のシェル90年の歩み』．
シェル石油（1960）『1900－'60』．
昭和シェル石油株式会社，シェルジャパン株式会社（出版年不明）『The Centenary of Shell in Japan ──日本のシェル100年のあゆみ──』．
帝国製糸株式会社『第四回営業報告』1925年7月23日．
The Babcock & Wilcox company. (1931) FIFTY YEARS of STEAM.
The Babcock & Wilcox company. (1967) The Babcock & Wilcox Story / 1867-1967.
「ジー・ダンロップ・ラバー・コムパニー（ファー・イースト）リミッテド」閉鎖登記簿謄本（神戸地方法務局）．
『東京日日新聞』1931年10月11日．
東京都北区教育委員会生涯学習部生涯学習推進課（1998）『東京砲兵工廠銃包製造所 汽罐および鋼製耐震煙突 調査報告書』文化財研究紀要別冊第12集．
東洋電機製造株式会社 五十年史刊行委員会編（1969）『東洋電機五十年史』．
『東洋経済新報』1900年12月5日．
通商産業省編（1961）『商工政策史 第9巻産業合理化』．
渡辺久雄編（1970）『尼崎市史 第3巻』尼崎市役所．
安田火災海上保険株式会社（1968）『80年史 安田火災海上保険株式会社』．
『横浜貿易新報』1899年2月5日．
『横浜貿易新報』1926年5月6日．
横浜護謨株式会社（1959）『四十年史』．
横浜開港資料館，（財）横浜開港資料普及協会（1998）『図説 横浜外国人居留地』有隣堂．
横浜市（1968）『横浜市史 第4巻下』．
横浜市（1971）『横浜市史 第5巻上』．
横浜市（1976a）『横浜市史 第5巻中』．
横浜市（1976b）『横浜市史 第5巻下』．
横浜市（1976c）『横浜市史Ⅱ 第1巻（下）』．
横浜市（1980）『横浜市史 資料編2 統計編』．
横浜商業会議所（1973）『横浜開港五十年史（下巻）』名著出版．
『禅馬鉄工所パンフレット』（横浜開港資料館所蔵）．

参考文献

安部悦生（1997）「イギリス企業の戦略と組織」安部悦生，岡山礼子，岩内亮一，湯沢威『イギリス企業経営の歴史的展開』勁草書房.

阿部武司（1998）「近代経営の形成——明治前・中期の日本経済——」宮本又郎，宇田川勝，橘川武郎，阿部武司『日本経営史——日本型企業経営の発展・江戸から平成へ』有斐閣.

赤坂道俊（1997）「第二次大戦前ユニリーバ社の海外事業活動」『八戸大学紀要』（八戸大学）第16号.

秋田茂（2000）「パクス・ブリタニカの時代」川北稔，木畑洋一編『イギリスの歴史』有斐閣.

天野健次（1983）「神戸居留地と在留外国人」『歴史と神戸』（神戸史学会）第22巻第2号, pp.5-52.

Angelo, Montenegro. (1993) "The development of Pirelli as an Italian multinational, 1872-1992" Jones, Geoffrey. and Schröter, H. G. *The Rise of Multinationals in Continental Europe*, Edward Elgar.

荒井政治（1981）「イギリスにおける兵器産業の発展——第1次大戦前のヴィッカース社を中心に——」『経済論集』（関西大学）第31巻第4号, pp.665-691.

麻島昭一（2001）『戦前期三井物産の機械取引』日本経済評論社.

Bartlett C. A. and Ghoshal S. (1989) *Managing Across Borders: The Transnational Solution,* Harvard Business School Press.（吉原英樹監訳『地球市場時代の企業戦略』日本経済新聞社, 1990年）

Buckley, P. J. and Casson, M. (1976) *The Future of the Multinational Enterprise,* Macmillian press.（清水隆雄訳『多国籍企業の将来』文眞堂, 1993年）

Chandler, A. D. Jr. (1990) *Scale and Scope: The Dynamics of Industrial Capitalism,* Harvard University Press.（安部悦生，川辺信雄，工藤章，西牟田祐二，日高千景，山口一臣訳『スケール・アンド・スコープ』有斐閣, 1993年）

Christensen, Clayton M. (1997) *The Innovator's Dilemma,* Harvard College.（伊豆原弓訳『イノベーションのジレンマ』翔泳社, 2000年）

Cox, Howard. (2000) *Global Cigarette: Origins & Evolution British American Tobacco*

1880-1945, Oxford University Press.（たばこ総合研究センター訳『グローバル・シガレット』山愛書院，2002年）

Davenport-Hines, R. P. T. and Jones, Geoffrey. (1989) "British business in Japan since 1868" Davenport-Hines R. P. T. and Jones, Geoffrey. (eds) *British business in Asia since 1860,* Cambridge University Press.

Dunning, J. H. (1988) *Explaining International Production,* Unwin Hyman.

ゲオルク・フォン・クロー，一條和生，野中郁次郎（2001）『ナレッジ・イネーブリング 知識創造企業への五つの実践』東洋経済新報社.

Dyer, J. H. and Singh H. (1998) "The Relational View: Cooperative Strategy and Sources of Interorganaizational Competitive Advantage" *Academy of Management Review,* Vol. 23, No. 4, pp. 660-679.

Florida, Richard.(2002) *The Rise of the Creative Class,* Basic Books.（井口典夫訳『クリエイティブ資本論』ダイヤモンド社，2008年）

Gershenkron, Alexander. (1962) *Selection of Essays from Economic Backward in Historical Perspective and Continuity in History & Other Essays,* President and Fellows of Harvard College.（絵所秀紀，雨宮昭彦，峯陽一，鈴木義一訳『後発工業国の経済史』ミネルヴァ書房，2005年）

Granovetter, Mark, S. (1974) *Getting a job: a study of contacts and careers,* Harvard Univ Press.（渡辺深訳『転職 ：ネットワークとキャリアの研究』ミネルヴァ書房，1998年）

Griffiths, John. (1995) "Give my regards to uncle Billy...' : The rites and rituals of company life at Lever Brothers, c. 1900-c. 1990" *Business history,* Vol. 37, No. 4, pp. 25-45.

Hamel G. and Prahalad C. K. (1994) *Competing for The Future,* Harvard Business School Press.（一條和生訳『コア・コンピタンス経営』日本経済新聞社，1995年）

Harrison. A. E.(1981) "Joint-Stock Company Flotation in the Cycle, Motor-Vehicle and Related Industries, 1882-1914" *Business History,* Vol. 23, pp. 165-190.

橋本寿朗，大杉由香（2000）『近代日本経済史』岩波書店.

浜渦哲雄（2001）『世界最強の商社——イギリス東インド会社のコーポレートガバナンス——』日本経済評論社.

Headrick D. R. (1981) *The Tools of Empire: Technology and European Imperialism in the Ivineteenth Century,* Oxford University Press.（原田勝正，多田博一，老川慶

197

喜訳『帝国の手先』日本経済評論社，1989年）

Henriques, Robert. (1970) *Bearsted A biography of Marcus Samuel, first viscount bearsted and founder of 'Shell' transport and trading company,* Augustus M. Kelley Publishers.

Howarth, Stephen. (1997) *A Century In Oil The "Shell" transport and trading company 1897-1997,* Weidenfeld & Nicolson.

Hymer, Stephen, H. (1976) *The International Operations of National Firms,* MIT Press. （宮崎義一編訳『多国籍企業論』岩波書店，1979年）

堀江保蔵（1950）『外資輸入の回顧と展望』有斐閣．

堀江保蔵（1954）「日米金融関係」開国百年記念文化事業会編『日米文化交渉史（2）通商産業編』洋々社．

稲村雄大（2007）「経営現地化と海外現地法人の生存率——日本企業の中国現地法人におけるトップマネジメント国籍の選択——」『組織科学』（組織学会）第41巻第2号，pp.82-94．

井口東輔（1963）『現代日本産業発達史』交詢社出版．

井上忠勝（1972）「ハーバード大学におけるフォード財団の援助による多国籍企業プロジェクトについて」『経済経営研究』第22号（Ⅰ）（神戸大学経済経営研究所），pp.105-155．

井上忠勝（1987）『アメリカ企業経営史研究』神戸大学経済経営研究所．

井上忠勝（1993）「英国ダンロップ社の日本進出」『経営学研究』（愛知学院大学）第3巻第1・2合併号，pp.3-12．

石井寛治（1983）「銀行創設前後の三井組——危機とその克服——」『三井文庫論叢』（三井文庫）第17号，pp.1-55．

石井寛治（1984）『近代日本とイギリス資本：ジャーディン＝マセソン商会を中心に』東京大学産業経済研究叢書．

石井寛治（2001）「貿易と金融における日英対抗」杉山伸也，ジャネット・ハンター編『日英交流史 1600−2000 経済』東京大学出版会．

Jeremy, David J. (1990) "The enlightened paternalist in action: William Hesketh Lever at Port Sunlight before 1914" *Business History,* Vol. 33, No. 1, pp. 58-81.

Jones, Geoffrey. (1984) "The Growth and Performance of British Multinational Firms before 1939: The Case of Dunlop" *The Economic History Review,* Vol. 37, No. 1, pp. 35-53.

ジョーンズ・ジェフリー（1994）「二〇世紀イギリスにおけるビッグ・ビジネ

ス、マネジメントおよび競争力」『経営史学』(経営史学会) 第29巻第1号, pp.31-55.

Jones, Geoffrey. (1995) *The Evolution of International Business An Introduction,* International Thomson Business Press. (桑原哲也, 安室憲一, 川辺信雄, 榎本悟, 梅野巨利訳『国際ビジネスの進化』有斐閣, 1998年)

Jones, Geoffrey. (1998) *The Multinational Traders,* Routledge.

Jones, Geoffrey. (2005) *Multinationals and Global Capitalism from Nineteenth to the Twenty First Century,* Oxford University Press. (安室憲一, 梅野巨利訳『国際経営講義』有斐閣, 2007年)

川辺信雄 (1982)『総合商社の研究――戦前三菱商事の在米活動――』実教出版.

川手恒忠 (1992)「The Dunlop=Pirelli Union の結成と解体」『四日市大学論集』(四日市大学) 第4巻第2号, pp.109-136.

川手恒忠 (1996)「わが国タイヤ産業における多国籍企業の誕生――1984～1986年住友ゴム工業の英国ダンロップ社買収戦略の研究――」『四日市大学論集』(四日市大学) 第8巻第2号, pp.103-134.

橘川武郎 (1992)「外国企業・外資系企業の日本進出に関する研究――国際カルテルと日本の国内カルテル・1932年の石油カルテルをめぐって――」『研究叢書』(青山学院大学総合研究所経営研究センター) 第1号, pp.100-129.

橘川武郎 (1993)「1934年の石油業法の制定過程とロイヤル・ダッチ・シェル」『青山経営論集 (季刊)』(青山学院大学) 第28巻第2号, pp.75-97.

橘川武郎 (1995)「外国企業の日本市場参入とその発展に関する研究――戦前日本の外国石油会社――」『研究叢書』(青山学院大学総合研究所経営研究センター) 第4巻, pp.77-118.

Kindleberger, Charles P. (1969) *American Business Abroad.* (小沼敏訳『国際化経済の論理』ぺりかん社, 1970年)

工藤章 (1993)『日独企業関係史』有斐閣.

熊谷次郎 (2004)「自由貿易帝国主義とイギリス産業」秋田茂編『パックスブリタニカとイギリス帝国』ミネルヴァ書房.

車田千春 (1934)『軍需工業論』日本評論社.

桑原哲也 (2000)「初期多国籍企業の対日投資――J.&P.コーツ社, 1907-49年――」『国民経済雑誌』(神戸大学) 第181巻第5号, pp.71-93.

桑原哲也 (2001)「グローバル企業の対日投資――回顧と展望――」『ビジネス

インサイト』(現代経営学研究学会) 第9巻第1号, pp. 40-57.
桑原哲也 (2002)「初期多国籍企業の対日投資と民族企業——シンガー・ミシンと日本のミシン企業, 1901年〜1960年代——」『国民経済雑誌』(神戸大学) 第185巻第4号, pp. 45-64.
桑原哲也 (2005)「多国籍企業の対日進出と組織能力の構築——高度成長期、ゼネラルフーヅの流通チャネル政策を中心として——」『国民経済雑誌』(神戸大学) 第192巻第4号, pp. 1-23.
桑原哲也 (2007a)「第二次世界大戦後の多国籍企業の対日直接投資過程」『国民経済雑誌』(神戸大学) 第196巻第1号, pp. 1-21.
桑原哲也 (2007b)「日本市場へ後発的に参入してきた多国籍企業の経験——ユニリーバ, 1964〜2000年——」『国民経済雑誌』(神戸大学) 第196巻第1号, pp. 69-90.
桑原哲也 (2008)「多国籍企業の対日投資と製品ライフサイクル——J.＆P.コーツ社, 1907-73年——」『国民経済雑誌』(神戸大学) 第198巻第2号, pp. 1-19.
松村高夫 (1986)「労働組合の形成と発展」米川伸一編『概説イギリス経済史』有斐閣.
メイドリー・クリストファー (2001)「日本自動車産業の発展と英国——日英企業の技術提携、1918−1964年」杉山伸也, ジャネット・ハンター編『日英交流史 1600−2000 経済』東京大学出版会.
Mason, Mark. (1992) *American Multinationals and Japan: The Political Economy of Japanese Capital Controls, 1899-1980*, Harvard University Press.
Mcmillan, James. (1989) *The Dunlop Story The life, death and re-birth of a multi-national,* Weidenfeld and Nicolson.
Milgram, Stanley. (1967) "The small world problem" *Psychology Today,* Vol. 1, No. 1, pp. 60-67.
宮崎犀一ほか (1981)『近代国際経済要覧』東京大学出版会.
内藤隆夫 (2003)「石油産業における市場競争と販売網形成」中西聡, 中村尚史編『商品流通の近代史』日本経済評論社.
中川敬一郎 (1967)「日本の工業化過程における『組織化された企業者活動』」『経営史学』(経営史学会) 第2巻第3号, pp. 8-37.
中川敬一郎 (1981a)「経営史学における国際比較と国際関係」土屋守章, 森川英正編『企業者活動の史的研究』日本経済新聞社.

参考文献

中川敬一郎（1981b）『比較経営史序説』東京大学出版会.
中川敬一郎（1986）『イギリス経営史』東京大学出版会.
奈倉文二（1998）『兵器鉄鋼会社の日英関係史——日本製鋼所と英国側株主：1907～52——』日本経済評論社.
奈倉文二（2001）「日本製鋼所のコーポレート・ガヴァナンスと日英関係」杉山伸也，ジャネット・ハンター編『日英交流史 1600－2000 経済』東京大学出版会.
Nicholas, Stephen. (1989) "British Business in Japan, 1900-41 Origins, Evolution, and Operation" Yuzawa Takeshi. and Udagawa Masaru. (eds) *Foreign Business in Japan before WWII, International Business History Conference 16 th,* Tokyo University Press.
西口敏宏（2007）『遠距離交際と近所づきあい』NTT出版株式会社.
Nonaka Ikujiro and Takeuchi Hirotaka. (1995) *The Knowledge-Creating Company: How Japanese companies create the dynamics of innovation,* Oxford University press. （梅本勝博訳『知識創造企業』東洋経済新報社，1996年）
老川慶喜（1998）「日本の近代化と東アジア」老川慶喜，小笠原茂，中島俊克編『経済史』東京堂出版.
Penrose, Edith, T. (1968) *The Large International Firm in Developing Countries,* George Allen & Unwin Ltd. （木内嶢訳『国際石油産業』東洋経済新報社，1972年）
Perkins, D. (1981) *The Mind's Best Work,* Harvard University Press.
Raynes, Harold E. (1964) *A History of British Insurance,* Sir Issac Pitman & Sons Ltd. （庭田範秋監訳『イギリス保険史』明治生命100周年記念刊行会，1985年）
Sampson, Anthony (1975) *The Seven Sisters: The great oil companies and world they made,* Hodder and Stoughton. （大原進，青木榮一訳『セブン・シスターズ』日本経済新聞社，1976年）
Sako Mari. (1992) *Price, Quality and Trust: Inter-firm Relations in Britain & Japan,* Cambridge University Press.
沢井実（1981）「第一次大戦前後における日本工作機械工業の本格的展開」『社会経済史学』（社会経済史学会）第47巻第2号，pp.155-180.
Schumpeter, J, A. (1926) *Theorie der wirtschaftlichen enrwicklung,* Duncker & Humblot. （塩野谷祐一，中山伊知郎，東畑精一訳『経済発展の理論（上）』岩波書店，1977年）
四宮正親（1994）「戦前日本における企業経営の近代化と外資系企業」『経営史

学』(経営史学会)第29巻第3号, pp. 35-72.
塩見治人, 堀一郎編 (1998)『日米関係経営史』名古屋大学出版会.
サイモン・ジェイムス・バイスウェイ (2005)『日本経済と外国資本 1858-1939』刀水書房.
Stopford, J. M. and Turner, L. (1985) *Britain and the Multinationals,* Jhon Wiley & Sons.
杉山伸也 (1989)「国際環境と外国貿易」梅村又次, 山本有造編『開港と維新』岩波書店.
杉山伸也 (1993)『明治維新とイギリス商人:トマス・グラバーの生涯』岩波書店.
杉山伸也, ジャネット・ハンター (2001)「日英経済関係史 1600-2000年」杉山伸也, ジャネット・ハンター編『日英交流史 1600-2000 経済』東京大学出版会.
隅谷三喜男, 小林謙一, 兵藤釗 (1967)『日本資本主義と労働問題』東京大学出版会.
鈴木良隆 (2004)「19世紀の金融・サービス」鈴木良隆, 武田晴人, 大東英祐『ビジネスの歴史』有斐閣.
立脇和夫 (1987)『在日外国銀行史——幕末開港から条約改正まで——』日本経済評論社.
立脇和夫 (2002)『在日外国銀行百年史』日本経済評論社.
武田晴人 (1979)「資料研究——燃料局石油行政前史」産業政策研究書編『産業政策史研究資料』.
Trebilcock, Clive. (1990) "British Multinationals in Japan, 1900-41: Vickers, Armstrong, Nobel, and the Defense Sector" Yuzawa Takeshi. and Udagawa Masaru. (eds) *Foreign Business in Japan Before World War II*, Tokyo University Press.
栂井義雄 (1974)『三井物産会社の経営史的研究』東洋経済新報社.
梅野巨利 (2002)『中東石油利権と政治リスク—イラン石油産業国有化紛争史研究』多賀出版.
宇田川勝 (1987a)「戦前日本の企業経営と外資系企業 (上)」『経営志林』(法政大学) 第24巻第1号, pp. 15-31.
宇田川勝 (1987b)「戦前日本の企業経営と外資系企業 (下)」『経営志林』(法政大学) 第24巻第2号, pp. 29-40.
Udagawa Masaru. (1990) "Business Management and Foreign-Affiliated Companies in

Japan Before World War II" Yuzawa Takeshi. and Udagawa Masaru. (eds) *Foreign Business in Japan Before World War II*, UniUniversity of Tokyo Press.

Uyeda Teijiro. (1938) *The Small Industries of Japan Their Growth and Development*, Inatitute of Pacific Relations.

Vernon, Raymond. (1966) "International Investment and International Trade in the Product Cycle" *The Quarterly Journal of Economics*, Vol. 80, No. 2, pp. 190-207.

Vernon, Raymond. (1971) *Sovereignty at Bay The multinational spread of U. S. Enterprises*, Basic Books.（霍見芳浩訳『多国籍企業の新展開 追いつめられる国家主権』ダイヤモンド社, 1973年）

若林直樹（2003）「社会ネットワークと組織間での信頼性——「埋め込み」アプローチによる経済社会学的考察——」『社会学評論』（日本社会学会）54巻2号, pp.159-174.

脇村義太郎（1985）「両大戦間の油槽船」中川敬一郎編『両大戦間の日本海事産業』中央大学出版部.

Watts, Duncan J. (2003) *The Six Degrees: The Science of a Connected Age*, W. W. Nortpn & Company.（辻竜平, 友知政樹訳『スモールワールド・ネットワーク——世界を知るための新科学的思考』阪急コミュニケーションズ, 2004年）

Wilkins, Mira. (1992) "The Neglected Intangible Asset: The Influence of the Trade Mark on the Rise of the Modern Corporation" *Business History*, Vol. 34, No. 1, pp. 66-95.

Wilson, Charles. (1954) *The History of UNILEVER*, Cassell and Company Ltd.（上田昊訳『ユニリーバ物語（上）』幸書房, 1967年）

Wilson, Jhon, F. (1995) *British Business History 1720-1994*, Manchester University Press.（萩本眞一郎訳『英国ビジネスの進化——その実証的研究, 1720－1994——』文眞堂, 2000年）

山口歩（1992）「1890～1930年の日本の火力発電所 ボイラー市場を Babcock & Wilcox 社が独占した過程とその技術的理由」『科学史研究』（日本科学史学会）第Ⅱ期第31巻181号, pp.9-18.

山口歩（1993）「戦間期の日本におけるボイラー製造業の発展について」『科学史集刊』（東京工業大学）第12巻, pp.55-65.

山口隆英（2006）『多国籍企業の組織能力』白桃書房.

山倉健嗣（1987）「経営戦略と組織間関係」『横浜経営研究』（横浜国立大学）第8巻第3号, pp.215-224.

山倉健嗣（1993）『組織間関係』有斐閣.
山倉健嗣（2007）『新しい戦略マネジメント——戦略・組織・組織間関係』同文舘出版.
山内昌斗（2002）「英国リーバ・ブラザーズの初期の対日投資1910－1925年」『星陵台論集』（神戸商科大学）第35巻第3号，pp. 165-185.
山内昌斗（2003）「英国バブコック・アンド・ウィルコックスの初期の対日投資」『星陵台論集』（神戸商科大学）第36巻第2号，pp. 191-210.
山内昌斗（2004）「英国企業の極東戦略と尼崎」『地域史研究』（尼崎市立地域研究史料館）第33号第2号，pp. 41-57.（同論文は、学術文献刊行会編『日本史学年次別論文集 近現代 2004年』朋文出版，2007年に再掲載されている）
山内昌斗（2007）「英国サミュエル商会のグローバル展開と日本」『経済研究論集』（広島経済大学）第29巻第4号，pp. 113-136.
山内昌斗（2008a）「第二次大戦前における英国企業の日本進出」『広島経済大学経済研究論集』（広島経済大学）第30巻第3・4号，pp. 275-296.
山内昌斗（2008b）「外国資本企業の対日投資と現地経営——ダンロップ社の事例を中心として——」『国際ビジネス研究学会 年報2008』（国際ビジネス研究学会），pp. 85-97.
安室憲一（1981）「総合商社の多国籍化」池本清，上野明，安室憲一『日本企業の多国籍的展開 海外直接投資の進展』有斐閣.
安室憲一（1990）「英国企業のアジア進出」『世界経済評論』（世界経済研究協会）第34巻7号，pp. 39-46.
安室憲一（1992）『グローバル経営論』千倉書房.
米川伸一（1969）『ロイヤル・ダッチ＝シェル』東洋経済新報社.
米倉誠一郎（1998）「経営史学の方法論：逸脱・不規則性・主観性」『一橋論叢』（一橋大学）第120巻第5号，pp. 78-92.
吉原英樹（1987）「国際的にみた総合商社の経営史」『国民経済雑誌』（神戸大学）第156巻第6号，pp. 103-121.
吉原英樹（2001）『国際経営』有斐閣.

索　引

ア　行

アームストロング・ウィットワース　37
アジア石油　69, 70
アソシエイテッド・オイル　78
アヘン戦争　21
石川島造船所　39
意思決定　9, 10, 19, 41, 87, 119, 127, 131, 146, 184, 190
イノベーション　6, 65, 182-184, 196
ヴィッカース・アームストロング　42
ヴィッカース　33, 37, 52-54
ウーズレー・モータース　39
大阪鐵工所　28
小野濱造船所　28
お雇い外国人　58, 82, 172
オリエンタル銀行　26
温情主義　145

カ　行

ガーシェンクロン・モデル　14, 41
海外直接投資　3, 4, 38, 85
海禁政策　21
外国為替　26, 29, 40, 44, 109
海底ケーブル　23
外部環境　19
外部組織　6, 7, 9, 44, 183-187
価格競争力　128, 177
鐘淵紡績　42, 98, 99
貨幣鋳造条約　29
カルテル　79, 80, 82, 174, 199
川崎造船　28
為替管理　42, 109, 132, 176
関税自主権　30, 73, 149, 163
関税障壁　24, 73, 121, 123, 135, 147, 163, 179
間接輸出　98, 111, 164
カントリー・リスク　8, 11, 108, 132, 133, 136
寛容性　187
機械製造事業法　40, 47
機械輸出禁止政策　22
企業家精神　96
基軸通貨　30
技術移転　37, 39, 42
技術供与　19, 39, 97, 112
技術提携　8, 32, 53, 105, 107, 109, 123, 124, 127, 133, 186, 200
技術流出　125
規模と範囲の経済　113, 143
キャッチアップ　6, 9, 37, 41, 44, 105, 132, 182, 186
供給志向型投資　146-148
競争優位　36, 126, 158, 174, 177, 184
協定関税制　24, 123
居留地貿易　10, 19, 20, 26, 35, 45, 189
キルビー商会　28
金本位制　30, 31, 40, 47, 71, 150
グラバー商会　25-27
クリステンセン（Christensen, C. M.）　41
グローバル統合　5, 8
経営資源　i, 7, 8, 19, 39, 97, 183, 187
経営支配権　122, 127, 178
毛織物法　21
現地適応　5, 8
光栄ある孤立　30
航海法　21, 22

205

工業社会　21
航空機製造法　40, 47
鉱山心得書　27
合弁企業　38, 60, 131
コッミッション・マーチャント　26

　　　サ　行
財産権　24
在日資産　9, 43, 44, 133
財閥　43, 64, 129, 157, 179, 184, 186
鎖国　23
冊封関係　21
差別化　96, 98, 143, 182
サミュエル事件　62
産業革命　i, 21, 31, 57, 142, 169
産地買付　26
市場志向型投資　146, 148
自動車製造事業法　40, 47
資本提携　8, 44, 110-112, 134
ジャーディン＝マセソン商会　25, 26, 198
朱印状　20
重商主義　21
自由貿易　21, 22, 24, 56, 199
受容性　8, 28, 47, 184
シュンペーター (Schumpeter, J. A.)　15, 182
商標　11, 67, 76, 143, 144, 160
植民地　21, 28, 48, 49
所有政策　8
所有優位　5, 6, 8, 182, 187
シンガー・ミシン　95, 96
新規参入　10, 15, 38, 65, 79, 81, 129, 159, 160, 175
新結合　182, 183
シンジケート　29, 30, 57, 60, 66, 69, 82
シンヂケート→シンジケートを参照
垂直統合　15, 37, 62, 66, 73, 82, 121
スエズ運河　22, 66
鈴木商店　25, 61, 62, 150, 157-160, 179, 180
製鉄品法　21
製品ライフサイクル　5, 52, 200
石油業法　40, 43, 47, 80-82, 174, 185, 199
折衷パラダイム　5
争議権　161
創造的破壊　182
組織構造　5

　　　タ　行
タイド・ウォーター・オイル　78
大陸封鎖政策　21
多角化　42, 109, 121, 127, 158
高島炭鉱　27
ダニング (Dunning, J. H.)　3, 15
団体交渉権　161
地域通貨ブロック　40
治外法権　23, 30, 71, 150
チャータード・バンク　29, 46, 58, 172
チャンドラー (Chandler, A. D. Jr.)　4, 97, 188
朝貢貿易　21
直接投資　13, 14, 19, 28, 32, 36, 47, 60, 122, 135, 150, 200
直接輸出　98, 111
帝国製糸　38, 39, 42, 45
ディッカー　39
敵産管理法　44, 81, 110, 132
鉄道国有化法　37
デント商会　26, 29
投資国　4, 8
東洋電機製造　39, 195
東洋紡績　42
特殊性　6, 171, 190
特許　57, 93, 106, 108, 112, 118-121, 135, 137, 138, 149, 154, 155
トラスト　52, 63
問屋制資本　159

索　引

ナ 行

内地通商権　24, 26
内部化　5, 183, 184, 186
ナショナリズム　11, 40, 43, 44, 112, 130, 131, 184
七年戦争　21
日英修好通商条約　19, 23, 58
日英通商航海条約　30, 73
日英同盟　19, 30, 31, 37, 40, 41, 75, 109, 174, 178, 184
日英和親条約　19, 23
日独伊三国同盟　40
日米修好通商条約　23
日米和親条約　23
日露戦争　31, 53, 60, 73, 122, 138, 151
日産コンツェルン　36
日清戦争　19, 31, 59, 60, 73, 150, 184
日中戦争　40, 109, 132
日本坑法　27
日本コロムビア畜音器商会　36
日本製鋼所　34, 37, 41, 42, 194, 201
農業社会　21
ノウハウ　6, 7, 37, 134, 138

ハ 行

パートナー企業　8
パートナーシップ　58, 82, 93, 171
バーノン (Vernon. R)　4, 15
買収・合併　147
破壊的イノベーター　41
幕藩体制　24
パックス・ブリタニカ　40
反グローバル　44
ハンター商会　28
販売提携　8
P. & O. 汽船　22, 29
比較劣位　9
東インド会社　20, 22, 197

被投資　8
ファースト・ムーバー　6, 35, 40, 41
富士紡績　42
ブランド　6, 9, 38, 117, 130, 143, 150, 159, 167
ブルー・ファネル　22
分業体制　160
砲艦外交　21
封建制　24
帽子法　21
北海道炭礦汽船　34, 37, 98
香港上海銀行　26, 29, 46, 125

マ 行

マルチナショナル型　5
満州事変　19, 36, 40, 80, 109
村井カタン糸　38
明治維新　49, 202

ヤ 行

友愛会　161, 169
輸出戦略　147, 149, 163
輸入代替　38
幼稚産業　9

ラ 行

ライセンシング　11, 13, 39, 47, 106, 122, 135
ライセンス契約　8, 39, 122, 138
労使協調　161
労使紛争　11, 164
労働者階級　142, 143
労働争議　161
ロスチャイルド　64, 65, 68, 69, 74, 172

ワ 行

ワシントン軍縮会議　40

著　者

山　内　昌　斗（やまうち　まさと）

1976年　沖縄市生まれ
1999年　琉球大学法文学部経済学科卒業
2001年　愛知学院大学大学院　経営学研究科博士前期課程修了
2005年　神戸商科大学大学院　経営学研究科博士後期課程単位取得退学
2009年　経営学博士（神戸商科大学）
現　在　広島経済大学准教授
専　攻　国際経営、経営史
著　書　『新グローバル経営論』（共著）白桃書房、2007年
　　　　『入門グローバルビジネス』（共著）学文社、2006年

広島経済大学研究双書　第31冊
日英関係経営史
――英国企業の現地経営とネットワーク形成――

平成22年3月10日　発行

著　者　山　内　昌　斗
発行所　株式会社　渓水社
　　　　広島市中区小町1−4（〒730-0041）
　　　　電　話（082）246−7909
　　　　FAX（082）246−7876
　　　　E-mail: info@keisui.co.jp
製　版　㈲広島入力情報処理センター
印刷・製本　株式会社　平河工業社

ISBN978−4−86327−087−9　C3034